JN436644

가난이 무슨 죄(罪)여?

김창현 수필집

국립중앙도서관 출판시도서목록(CIP)

가난이 무슨 죄(罪)여 : 김창현 수필집 / 지은이: 김창현. --
대전 : 오늘의문학사, 2017
p. ; cm

ISBN 978-89-5669-829-8 03810 : ₩15000

한국 현대 수필[韓國現代隨筆]

814.7-KDC6
895.745-DDC23 CIP2017014704

가난이
무슨
죄(罪)여?

■ 머리말

〈개구리도 배꼽이 있나?〉 내 인생의 제일 처음 발간했던 수필집 제목이다. 초등학교 6학년 때 은사였던 이시배(李時培 1928~2012) 스승을 항상 존경했고, 선생님이 중등학교 미술과 담당으로 충남 부여군 임천중학교 교장으로 재직하고 있을 때 이 수필집을 발간하게 되었다.

여기에 이시배 선생님의 발문을 옮겨 본다.

〈문하생 김창현군을 알게 된 것은 초등학교 담임을 했을 때부터이다. 만나면 만날수록 천진난만했고 다정다감했던 인간미와 성실한 작품 활동에 마음이 들었다. 문하생의 시와 수필은 어린이들을 지도하고 생활하는 희비애환의 일과 속에서 그 발상이나 표현 모두가 지나칠 만큼 평범하고 산문적이다. 누구도 문하생의 시나 산문을 읽고 깜짝 놀라지 않는 사람은 없을지 모른다. 그러나 그 누구도 문하생의 평범한 정감을 외면할 수는 없을 것이며 그 산문적인 표현 또한 무시할 수 없을 것이다. 그만큼 문하생은 모든 사람들에게 해학과 위트를 주는 인간이다. 가령 오열사(五烈士)에서 충남대 문리대 오세영 교수의 지도 조언을 받았고 새교실 웅변동화 구연 자료집 발간 때는 집필위원을 지낸 일도 있다. 이러한 문장들을 읽을 때마다 문하생의 시나 수필이 점차 향상일로에 있음을 본다. 문하생의 시와 수필이 더욱 프로 경지를 확립할 때 가슴 뿌듯한 마음, 한이 없을 것이며 앞날을 기대해 본다.〉(1982년 12월 ○일. 임천중학교장-이시배)

또한 김한묵 교육장님의 말씀도 소개한다.

〈그동안 교육자들이 애독했던 새교실에서 위트와 유모어로 우리 마음을 황홀하게 만들었던 수필 몇 편과 대전일보에서 독자의 인기를 얻었던 몇 편의 글을 모아 하나의 책자로 출간하게 됨을 충심으로 치하해 마지않는다. 남들이 모두 하는 일이지만 초지일관의 꿈을 버리지 않고 온갖 역경을 극복하여 찬란한 영광을 찾기 위해 노력한 흔적이 역력히 표현되었고 특히 어린이들의 글짓기 지도를 터득할 수 있는 방향과 요령을 직시할 수 있어 흥미를 끌고 있다. 더욱 정진하여 대성하기를 바라면서 책속의 얼을 되살려 어린이 교육에 보탬이 되리라 믿어 의심치 않는다.〉(임술년(1982) 신춘일-서천군 교육장 김한묵(생몰 미상))

나의 서문 〈**조그만 책을 펴내면서**〉는 다음과 같다.

〈내가 생각한 조그만 일 들을 함께 모아 작은 책으로 엮어본다. 산 위에 걸린 하늘이 파랗게 푸른빛을 발산하고 숲속엔 아직 나무와 풀들이 잔설 속에 파묻혀 있는 상태의 글솜씨라 미흡한 점이 많으리라 생각한다. 그러나 인간이 인간을 웃기고 웃음이 터져 나오도록 만들기까지의 과정은 너무나 고통스러운 일이 아닐 수 없다. 더욱더 다듬어서 어느 경지를 확립할 때 문학을 아낀다는 마음만은 변치 않으리라 믿는다.〉 (1982년 12월 ○일. 지은이-심장현)

『개구리도 배꼽이 있나?』 이 작은 책자, 수필집은 50페이지도 못 되는데 이 책자를 만들게 된 까닭은 원고뭉치를 처리하기 어렵고, 또 어디에 보관할 장소가 없었으며, 자주 이사를 다니기 때문에 분실할 염려가 많아 부득이 소책자를 만들게 되었음을 밝혀 둔다. 후일 이 자료를 이용하여 2수필집 『말더듬이의 하소연』을 발간하게 되었다.

※ 전국 표어 공모 입상 작품 〈손길마다 보살피고 이웃마다 선도하자〉

※ 내무부 치안본부장 상(1982. 5. 10)

차례

제1부 개구리도 배꼽이 있나?

제2부 만리장성을 넘다

제3부 배흘림 햇살 기둥

제4부 꽃에서 시를 줍다

제1부

개구리도 배꼽이 있나?

현충일에 농약을 뿌리다가

내가 세상에 태어났을 때는 일제강점기.

초등학교 다닐 때는 왜정 말기 때여서 일본말을 배우다 8.15 해방과 함께 광복절을 맞이하면서 한글독본으로 우리말 한글을 배웠다. 6학년 때는 6.25 동란으로 피눈물 나는 한국전쟁을 겪어야 했고, 사범학교 다닐 때는 국어시간이 일주일에 겨우 2시간 밖에 배울 수 없었다. 교육원리, 교육심리, 교육평가 등 초등학교 교사 자질향상을 높이는 교육을 받아 왔기 때문에 처음부터 글을 쓰고 짓는다는 문학창작은 거리가 매우 멀었다.

더구나 전쟁 속에 폐허가 된 가난한 시골농어촌 생활은 힘겨운 하루 생활의 연속이었으며 보릿고개 넘기기가 무척 힘들었던 시기에 태어나고 자라왔기 때문이다. 이러한 사회적 환경과 가난한 궁핍생활에 허덕이며 지탱해온 학업은 아름다운 글을 창작할 수 있는 필요조건이 충족될 수 없었고 어머니의 손톱 발톱이 다 닳도록 한산모시 짜기로 학비를 마련해 주셨다. 지금도 내 귓가에는 밤잠을 주무시지 않고 달 밝은 밤 모시를 짜시던 어머니의 베틀소리 환상이 떠오를 때마다 끈질긴 삶의 사회변동이 그렇게도 모질고 처참해야 했는지 팔자타령을 해본 일이 한두 번이 아니었다.

학교에 다니기보다 오히려 생명을 유지하기 위해서는 먹거리가 더 시급했었다. 다행히 바닷가 근처에서 농어촌 생활을 했기 때문에 바다 해산물이 먹거리를 해결해 주었고, 상식이 모자라 독이 있는 고동류를 삶아 먹고 죽을 고비를 몇 번이나 뛰어 넘었는지 헤아릴 수 없을 정도이다. 청년기에 접어들면서 글쓰기를 체험한 것은 60년대 국방부에서 진중문예공모를 했을 때 〈화랑도 관창〉으로 입상을 해 본 경험이 있었고, 시행착오가 이때부터 내 주변에서 맴돌고 있음을 깨닫고 지냈었다. 60~70년대는 가정환경이 가난하여 농사를 지어가며 초등학교에 근무를 했었다. 우리나라는 새천년 시대를 맞이하면서 농업국가가 공업국가로 변모되었지만 60~70년대는 농공업을 위주로 하는 새마을운동이 일어났다. 지붕개량, 생활환경개선 등 〈잘 살아보세〉 새마을 노래도 울려 퍼졌었다. 농사를 지으려면 농약을 주물러야 한다. 학교생활이 끝나면 가난을 벗으려고 농사를 지어야 했다.

그때의 농약은 사람의 치사량을 생각지 않고 오직 벼의 도열병 잡는데 신경을 썼기 때문에 아까운 청춘의 생명이 별똥별처럼 뚝뚝 떨어졌다. 밤새 술타령, 화투로 노름하고 가정불화가 자살제로 추락하여 사회병폐로 이끌어간 시대도 있었다. 호랑이가 죽으면 가죽을 남기고 사람이 죽으면 이름을 남긴다는 속담이 있는데 그 이름을 남기는 방법에 여러 가지가 있다. 1970년 6월 6일 현충일 뜨거운 땡볕 아래 농약을 뿌리다가 논두렁에 쓰러졌다. 네 시간이 훌쩍 넘도록 저승에 갔다 왔다. 농약 중독후유증이 일어나면, 비가 온다는 일기예보는 엉터리가 되어도 내 다리는 빈틈없는 정확한 진자기계다. 다리가 뒤틀리고 발바닥이 찡긋거린다. 수은제로 만든 농약은 물보다 무겁기 때문에 배설이 되지 않기 때문이다.

망막도 저절로 떨어져서 망막박리 대수술까지 했었다. 60년대는 중 · 고등학교 교원자격고시에 고배를 마셨고, 초등학교 운동회 때 고깔소고춤(평택 농악-웃다리 농악, 제11-나호 1985 지정) 지도자가 도전기라면 70년대는 문학의 기초를 다지는 체험기였다. 80년대가 실행기라면 90년대는 확충기였다. 교육자료, 새교실에 문을 두드리게 되었고 이때부터 전문적인 문학창작을 실행하게 되었다. 새천년이 밝아오면서 〈대전동시조〉를 창간했는데 제5집부터 〈현대동시조〉로 개명하여 발간해 왔다. 이 현대동시조는 시조의 모든 가족이 함께 참여하여 살아 숨 쉬는 터전을 함께 마련하고 먼 앞날까지 전승되는 동시조를 키워, 온 세상에 아름다운 동시조 꽃이 활짝 피도록 가꾸어 나가야 하겠다는 취지를 설명하였고, 현대동시조의 집념을 다음과 같이 제창한 일도 있었다.

첫째, 동시조를 위해서는 피땀을 흘려야 하고(爲詩流汗),
둘째, 동시조를 위해서는 눈물도 흘려야 하며(爲詩流淚),
셋째, 동시조를 위해서는 코피도 흘려야 한다(爲詩流血)

현대동시조의 의미는 사람의 생활경험과 아름다운 상상을 통하여 얻어진 생각들을 운율, 리듬, 이미지가 들어 있는 틀 속에 담아낸 감정으로써 읽는 사람들에게 감동을 던져주는 시(詩)이며, 어른들이 어린이를 위해서 교훈적으로 지어낸 〈동시조〉와 아이들이 직접 지어낸 〈어린이시조〉가 있으며, 통일된 개념은 없고 학자마다 그 학설이 각각 다르다.

앞날의 동시조 창작은 쉽게 읽고 재미있고 진솔한 경험을 짜 내어 가슴 속의 뜨거운 감동을 자아낼 수 있는 창작기법이 필요하다. 어린이들은 호흡과 휴식기간이 짧고 구개음화가 발달하지 못해서 정확한 발음으로 낭송할 수 없기 때문이다. 간결하고 의미 깊고 알기 쉬운 시어로 아름다움의 조화가 어우러져 긴장과 탄력, 절제와 함축을 바탕으로 간결미학을 추구하는데 있으며, 가락의 운용은 자연스러워야 함이 현대동시조의 생명이다. 전남 고흥 나로우주센터가 완공되었고, 우리나라도 우주인이 탄생했으며, 우주 공간에 떠 있는 우주정거장은 우리 아이들의 가장 호기심 많은 공상과학의 희망이다.

오뚜기 전기밥솥으로 만든 하얀 쌀밥이 우주음식으로 선정되었다. 불고기, 미역국, 김치, 라면, 수정과, 짬뽕이 러시아 화성탐사선, 우주인의 우주음식으로 선정되었다. 그래서 아이들의 꿈속에 상상의 날개를 달아주는 과학 동시조로 방향을 크게 돌렸으면 좋겠다는 아쉬움이 남는다. 2009년부터 현대동시조 창간10주년을 맞이한 기념으로 한국현대동시조문학상을 시상하고 있으며, 전국백일장에서 허덕이는 아이들에게 밑바탕이 되는 현대동시조가 쭉쭉 자라는 거름이 되었으면 참 좋겠다고 생각한다. 오늘도 아이들의 해맑은 꽃가슴에 해맑은 동심을 심고 싶다.

※ 출전(出典) : 한국아동문예작가회, 회원주소록 제62호 2010, 7, 19 참조

소박하고 진실한 자기 현현(顯現)의 몸짓

사람은 생각하며 살아가는 동물이다. 그리고 그 생각들의 빛깔은 각양각색이어서 같은 사물을 보면서도 그것을 인식하는 각도와 빛깔은 서로 달리 나타날 수가 있다. 다만 우리들의 오관(五官)을 통해서 들어오는 감정과 사상의 실마리는 순간적으로 왔다가 순간적으로 가버리는 단명(短命)한 것으로, 모처럼 떠오른 고귀한 생각이나 아름다운 정서를 그냥 놓쳐버리고 말면 그것은 잡았던 새를 놓쳐버린 순간처럼 아쉽고 허망한 것이 되고 만다. 일생을 살아가는 동안 우리 앞에 다가오는 많은 사건들은 그것의 전부가 모두 기쁜 일이거나 슬픈 일로만 일관되지는 않는다. 희, 로, 애, 락, 애, 오, 욕(喜怒哀樂愛惡欲)의 일곱 가지 감정이 불연속선을 그리며 교차되어 나타났다가 사라져가는 순환적 상황을 되풀이하는 것이다. 그러나 우리는 슬픔보다는 기쁨을, 불행보다는 행복을, 저 멀리에서 가물거리는 신기루 마냥 잡힐 듯 잡히지 않는 것이 보통이다.

그리고 설혹 그 행복이 모처럼 우리에게 안기어 왔다 하더라도 행복의 순간은 그리 길게 이어지질 않는다. 다시 말하면 행복은 언제나 순간적인 것이어서 잡았다고 느끼는 순간, 그 행복은 이미 우리에게서 멀리 떠나가고 있는 순간인 것이다. 그래서 우리는 이런 행복의 실체를 영원히 붙잡아 두기 위해서 이것을 글로 써서 길이 남기려하고 그 행복을 재음미해보고 싶어 하는 것이다. 오늘날 문학을 하는 사람들은 대개 이런 가치를 추구하기 위해서 살을 깎는 괴로움을 견뎌가며 저기의 세계를 창조해 가고 있다. 내가 김창현 선생을 만나게 된 것은 박순길(朴順吉) 시인의 소개에서 비롯되었다. 이분은 초등학교 교사로서 30년이 넘는 교직경력을 가지고 있으며, 교육에 대한 사랑과 정열이 또한 남달리 뜨거운 분으로 소개받고 있다. 김창현 선생은 그간 교직에 몸담고 있으면서 교직을 천직으로 생각하며 성실하게 살아 온 모범교직자의 한 분이라고 알고 있다. 성품이 어질고 겸손하여 그 순수 무구한 언행이 누구에게나 첫인상으로 배어들 만한 분이라고 생각된다. 〈글은 그 사람〉이란 말이 있듯이 이 분의 이런 인품 한 가지로도 이 글의 대강을 미루어 음미해 볼 수가 있었다. 김창현 선생은 이미 지천명(知天命)의 나이로 접어들고 있지만 그 생각이 젊어 있었고 그 거동이 정결함으로써 아직도 불혹(不惑)의 나이처럼 건강미(健康美)를 지니고 있다.

그리고 이 분은 문학에 대한 애정과 정열이 누구보다도 뛰어나 예리한 관찰력과 깊은 사고력을 통하여 사물을 관조하는 특성을 지니고 있다. 나는 이 분의 강한 의지와 대견스런 문학 수업에 많은 감명을 받으며 내게 넘겨준 수필 전편을 낱낱이 음미해 보았다. 시와 수필을 한 책에 모아 엮어서 자신의 분신으로 삼고자 하는 이 분의 정열은 자신의 문단적 명성보다는 인간으로서의 자기 성찰에 더욱 큰 목적을 두고 있는 것 같다. 수필은 그 사람의 모습을 조각한 거울이며 역사적 발자취이다. 수필 속에 담겨진 하나하나의 사실들은 바로 필자의 사상이요, 삶이

요, 생명인 것이다. 이분의 수필을 읽고 있노라면 물질주의와 황금만능주의에 혈안이 되어 살아가는 현대인들의, 피맺힌 도시생활을 까마득히 떠나와 있는 듯 하고 깊은 산속에 파묻혀 살아가는 원초적 인간을 만나는 듯하였다. 그만큼 이 분의 생각은 꾸밈없이 순수하고 더할 나위 없이 소박한 감성을 지니고 있다. 솔직히 말해서 김창현의 수필은 정통 수필적 예술성이나 문화성을 구비하지는 못했으며 문장의 세련도 구성력에 있어서도 그 짜임새에 다소 흠이 발견되었다. 그러나 이 분의 순수무구한 감정은 자신의 생활을 꾸밈없이 표현해 냄으로써 자신의 생활을 티 없이 정화시키고 있다. 수필이 지녀야 할 주제의 선명성이나 생각의 깊이는 비록 얕고 산만하다 하더라도 그것은 오히려 덜 익은 과일 맛처럼 시고 떫은맛을 내고 있다.

그러나 한 편 분석해 보면 설익은 과일이 풍기는 신선한 내음과 잡티없는 맛은 이 분의 어린이 세계다운 평생의 경륜이 몸에 배인 탓으로 해석하고 싶다. 우리는 대개 남의 글을 평하기는 쉬워도 자신의 글을 쓰기란 그리 쉽지 않음을 느끼고 있다. 어쩌다 문득 떠 오른 생각을 알뜰히 글로 표현해 보려고 글을 쓰기 시작하지만 밤새 끙끙거리다가 원고지 한 권만 휴지화시키고 붓을 멈추고 마는 공허를 경험하게 된다. 그리고 설혹 순간을 잘 포착했다하더라도 그것은 아주 거칠고 어수선한 글이 되어 큰 가치를 남기지 못하는 예가 허다하다.

왜냐하면 사람들은 곧잘 자기가 써 놓은 글에 대해서는 스스로 도취되어 만족하거나 희열을 느끼지만 사실 그 글을 분석해 보면 허점이나 흠집투성이임을 발견하게 된다. 자신이 쓴 글은 일단 자기 주관을 버리고 객관적 안목으로 읽어 보아야 하고, 그것은 한동안 서랍 속에 묻어두었다가 두 번이고 세 번이고 가필 정정해 나가지 않으면 안 된다. 글은 닦고 닦인 구슬이 되어야 하고 이 닦인 구슬들을 보기 좋게 꿰어야 하는 작업에서 만들어진다. 김창현의 수필은 이런 과정을 더 보완해야 한다고 지적하고 싶다.

한 편의 수필은 읽는 사람으로 하여금 한 낱의 작은 진실을 깨닫게 해야 하고 한 가닥의 감동을 주는 것이라야 한다. 다시 말하면 한편의 수필을 읽고 나면 거기에 어떤 뒷맛을 느껴야 하고 희열에 차거나 신선한 충격을 주는 감동이 따라야 한다. 감동 없는 수필은 수필이 아니라 잡문이며 일상의 평범한 삶으로 내쳐져 버리는 것이다. 이 수필은 표제 명칭부터가 다소 역설적이며 해학적인 면이 있다. 이런 주제들은 요즈음 젊은 세대들에게는 매우 매력적으로 어필 될 수가 있다. 그리고 전5부로 분류해 놓은 소제목들도 상당한 어휘적 멋과 맛을 지니고 있어 좋다. 그러나 〈투가리보다는 장맛〉이라는 한국적 속담이 아니더라도 표피적 형식보다는 그 속에 담긴 내용이 충실해야 한다. 이 수필집은 비록 일가를 이룬 수필가의 수필이 아니지만, 진실한 교육자의 한 생활 속에 담긴 적나라한 생각들을 꾸밈없이 표현해 냄으로써 소박의 진실을 느끼게 한다. 가식이 판치는 세상에 이런 글이야 말로 순수 무구(純粹無垢)한 인생의 숨결이며 모습임을 높이 평가하면서 두서없이 머리글로 삼는 바이다.

※ 1989. 4. 15 용전서재에서-김영배(金英培 1931~2009)
〈수필공간〉에 발표.

보고 싶은 어머니

어머니!

하늘나라 천당으로 떠나신 지 벌써 몇 년이 지났습니다.

따뜻하게 주무시는 방, 잡수시는 음식도, 천당 수라간에는 소금도 없다는데 지금도 건강하게 지내시는지 걱정이 앞섭니다. 자식이 어렸을 때 보릿고개를 슬기롭게 넘기려고 짧은 여름밤 긴긴 동지섣달 추운 겨울 한참을 허리 펴고 쉴 날 없이 모시하며 베틀 위에 앉아 베 짜시던 어머니.

보리죽도 없어 점심은 거르시고 독사 풀씨를 볶아 먹던 시절 자식에게 풀씨를 입에 넣어주며 마음속으로 한(恨)을 삭이며 얼마나 울고 눈물 흘리셨는지요? 돌이켜 생각해 보니 자식의 가슴도 저며 옵니다. 그래도 자식에게는 단것을 골라 먹이고 쓴 것을 골라 어머니 입에 풀칠했던 보릿고개 고생이 문화가 발달한 오늘날에는 음식 쓰레기가 남아 골치를 앓는다고 합니다.

어머니!

가난한 가정 가난한 시대에 태어나, 자식들에게는 가난을 물려주지 않으려고 입술이 부르터서 생피가 줄줄 흘러 내렸어도 모시풀을 쪼개고 손발이 닳도록 베를 짜셨던 어머니! 어머니께서는 잡수신 것이 없으니 빈 젖을 물려주고 보채는 자식을 달래려고 마음속으로 뒤틀어진 뱃살을 움켜쥐고 얼마나 울고 참으셨는지요? 까만 솥뚜껑에서 보리 삶은 물을 받아 뜨거우면 후후 불어 먹여 주시고 보리 삶은 물도 없을 때는 샘물 정화수(井華水)를 끓여 먹여주며 얼마나 애간장을 녹이셨는지요? 어머니의 빈 젖을 양식으로 먹고 자랐으며, 어머니 무릎을 운동장 삼아 뛰어 놀았고, 어머니 팔을 베개 삼아 단꿈을 꾸었으며, 어머니 품안을 지붕삼아 고희(古稀)가 훌쩍 넘도록 자란 지금, 어머니 생각만 해도 눈물이 뚝뚝 떨어지고 앞을 가려 가슴이 터져옵니다.

어머니!

막내를 약학대학에 합격 시켜 놓고도 등록금이 없어서 쩔쩔매고 허둥지둥 돈을 장만하러 다녔을 때도 기뻐해야 할 웃음은 없어지고 어머니 가슴은 절망으로 무너졌을 것입니다. 농협에서 추곡 매상 값을 한 푼이라도 더 받아야 등록금이 해결되는데 새마을운동이 꽃 피웠어도 가난은 항상 뒤따라 다녔습니다. 세상에서 아무리 값 비싼 집을 사 드려 편안하게 해드려도 마음이 편안할 날 없으면 아무 소용이 없고, 맛있는 음식, 호화로운 옷, 재물, 금은보화가 아무 필요 없으며, 수 억 원의 돈이 무슨 소용이 있겠는지요? 그러나 지금은 세상이 바뀌어서 돈만 있다면 효도가 된다고 합니다. 어머니 마음은 헤아려 보지도 않고 어떻게 효도가 되는지 무척 궁금합니다. 그러나 날마다 웃음이 떠나지 않고 어머니 마음을 기쁘게 해드려야 가장 큰 효도라고 알고 있으나 효자 노릇하기가 얼마나 어려운 일인지 알듯 말듯 합니다. 돈은 많은데 마음이 불편하면 오히려 효도는커녕 불효가 된다고 합니다. 가난해도 넉넉한 마음으로 살고 이웃사촌의 따뜻한 인정 속에 밝은 세상으로 살아가는 것이 마음 편하고 얼마나 행복한데, 있다가도 없는 돈과 행복을 그 누가 바꾸겠는지요?

어머니!

자식은 어머니의 근심과 걱정을 조금이라도 덜어 드리기 위해서 오뉴월 땡볕 아래 농약에 중독되어 논두렁에 쓰러져 죽었다가 깨었어도 아내와 저는 모두 숨겼습니다. 지금도 농약 중독후유증으로 시청각이 뭉개져서 장애인으로 변신되었어도 시인으로 등단하여 아이들에게 〈현대동시조〉 씨앗을 심는 일이 얼마나 즐거운 일인지 모르겠습니다.

어머니!

멀리 하늘나라 천당에 계신 어머니께 큰아들이 지은 현대시조 한 수를 올려 드립니다.

〈어머니 영전에〉

육신이 오글토록
보릿고개 넘기시고

새벽 달 기울도록
베 짜시던 어머니

가신지 몇몇 해 지난 지금
온 정(情)을 잊으리오.

생피가 마르도록
불효만 생각하니

가슴만 저며 오고
한(恨)만 휘어 커집니다.

모쪼록 저승 달빛 밝고
극락길로 가옵소서.

어머니!

불교에서는 사바세계와 이승 사이의 경계가 대웅전 창문으로 생각하며, 사찰마다 독특한 연꽃무늬가 있다고 합니다. 작년 한식(寒食)날에도 산소에 찾아가 토끼풀도 뽑고 호미질을 했는데 올해는 잔디가 잘 자라 뻗어 나갈 것입니다. 어머니! 지금까지 책을 스무 권 넘게 만들어 냈는데 두 서너 권 더 만들어 내고 〈관촌문집-冠村文集〉을 만들어 낼 생각입니다. 조금 있으면 날씨가 따뜻하여 연꽃이 활짝 핀 경치 좋은 곳도 구경하시고 자식들 손주들이 건강하게 자라고 있으니 아무 걱정 하시지 말고 건강하시기를 두 손 모아 기도를 올립니다.

불효사 큰아들 올림.

※ 현대시조 100주년기념(2006) 때 반석산 글방에서.

말더듬이의 하소연을 내면서

내가 글을 써 보겠다고 뼈를 깎는 고생과 생각에 몰두해 본 일은 이십년 전으로 거슬러 올라간다. 1950년대 후반에 사범학교를 다닐 때 소설책 읽기에 미치기라도 하듯 밤을 낮처럼 독파했다. 그때는 소설책 읽기가 유행병처럼 흘러 다녀서 시험 볼 때는 벼락공부로 땜질을 했고 자취방에서, 팔마산 아카시아 숲속에서 꽃내음을 삼키며 쓰르래기 합창도 들으며 읽었다. 그 내용과 줄거리는 대충 기억되지만 재미있게 표현된 문장의 기교나 잔재주를 부린 글 솜씨는 염두해 두지 않았다.

우연한 기회로 1970년대 장항으로 근무처를 옮겼다. 동명이인(同名異人)이 한 지붕 한 학교(장항초등학교)에서 생활하다보니 우여곡절도 많았고 희비애환도 많았다. 그때 전화 한 통화가 웃기지 못할 에피소드를 만들었으니 지금도 생각하면 엷은 미소가 입가에 아롱거린다. 도저히 참고 견뎌내기가 어려운 처지이고 화제 거리가 날마다 신출귀몰하듯 꽁지에 꽁지를 물고 일어나는 일들은 가만히 앉아 반추할 수는 없어 글을 써 보겠다고 발버둥치기 시작했다.

몇 편의 글이 발표되자 자신감을 얻었고 나의 자존심은 이때부터 고

무풍선처럼 부풀어 올랐다. 웅변 동화 지도, 집필위원도 해보았고 전국 표어공모에 입상했었다. 제멋대로 자존심이 풍만하게 커져버린 1980년대는 큰 시련을 겪어야 했다. 서울신문에 투고했다가 장항경찰서로 끌려 다녔다. 교육장님, 학교장님께 꾸중을 듣는 일이 밥 먹듯 일어났다. 내 일생에 유명한 에피소드는 필화사건이다. 엎친데 덮친 격이라고 농사를 짓다가 농약중독으로 이 세상을 하직할 뻔했다. 이때부터 명석했던 기억력도 사라지고 한 번 들었던 얘기도 곧 망각이 되풀이되니 나이 탓으로만 생각할 수도 없었다.

인생은 어쩔 수 없는 자연법칙대로 한 번 죽어지면 끝나는 것, 정신은 문학 세상에 떠돌아다니는 꽃구름이 될 것이고, 육신은 한 줌의 흙이 되어 문학의 거름이 될 것이니, 인생은 죽어 이름을 남기고 호랑이는 죽어 껍질을 남긴다는 옛말이 있지 않은가? 얄팍한 지식을 손바닥 위에 올려놓고 문학 세상을 요리한다는 자체가 얼마나 어리석은 일인가를 알고 있지만 문학은 남의 것을 모방하는 일도 아니요, 선대 문학을 전승하는 일도 아니요, 오직 자기 나름대로의 창작이 있어야 값어치가 있지 않을까?

문학 수업은 했다고 하지만 아직까지 살얼음판에서 걷고 있기에 흠이 많고 곰보 투성이 글 솜씨이다. 그러나 문학은 어머니 뱃속에서부터 배워 온 것이 아니요, 젖 먹어가며 배운 것이 아니다. 점차로 성숙되어 가면서 문학의 세련도가 깊어가는 과정이 있듯이 하루아침에 창조되는 이슬이 될 수는 없는 것이다. 지금도 개구리 모양은 모두 갖추었어도 상처만 길게 남아 있는 글 솜씨라고나 할까? 지우(誌友) 여러분의 냉철한 비판을 달게 감수하며 햇빛을 보게 된 〈가난이 무슨 죄(罪)여!〉 수필집으로 대신하고자 한다.

동명이인(同名異人)

노린재가 적의 격퇴를 위하여 고약한 냄새를 풍기며 자기 몸을 보호하고 스컹크가 방귀를 뀌어 독한 냄새로 적의 공격을 막는다는 사실은 누구나 다 알고 있는 일이다. 보릿고개라고 불리는 농어촌의 생활 기근에서 일어나는 일이지만 몇 년 전 농어촌 어느 초등학교에서 근무하고 있을 때면 생각나는 일이 있다.

김창현이라는 어린이를 1학년 때와 4학년 때 담임을 했었다. 지능지수는 126으로 농어촌 어린이치고는 제법 명석한 편이다. 가정환경이 넉넉지 못하여 보리밥을 자주 먹는다는 사실을 가정방문을 통하여 뒤늦게 알았지만 스컹크는 엄두도 못 낼 정도다. 어느 날, 숙제 검사를 정신없이 하던 중 이상한 냄새가 풍긴다. 정말 코를 쥐고 방향을 바꾸거나 그 자리를 옮겨야 한 숨을 돌릴 정도니 상상만해도 웃음이 터지고 기가 막힐 일이다. 철부지의 어린이지만 인간 예의를 지키며 행동과 실천함은 제언할 필요도 없으며 창현이의 행동은 막무가내다.

또 방귀의 분류도 고등수학처럼 까다롭다. 자연 시간, 창현이의 질문 "방귀는 왜 나오는가요?" 아이들이 와 하고 폭소가 터졌다. 잠시 조용해

질 때 억지로 웃음을 꾹 참고, 점잖은 어조로 "그것은 사람의 내장기관에서 가스가 생겨 항문(손짓으로 가리킴)으로 새어 나오기 때문이다." 라고 자세히 설명하느라고 진땀? "그럼 왜 냄새가 고약한가요?"이런 질문을 받았을 때는 이리둥절히기만 하다. '아차! 요것들(?) 봐라.' 선생님의 실력 여하를 저울질 해 본다는 선입감이 나의 두뇌를 스칠 때 진실하고 위대한 과학자처럼 나의 태도는 금빛 찬란한 부처님보다 더욱 엄숙했다.

어린이의 눈망울도 초롱초롱. "그건 인분 속에 들어 있는 암모니아라는 성분이 들어 있어 그 냄새가 고약해서 그렇단다."라고 응답할 수밖에…. 며칠 후 김창현의 별명이 스컹크로 클로즈업되었다. 물론 나의 별명도 동명이인의 혜택을 입어 스컹크 아닌 스컹크가 되었으니 지우(誌友) 여러분의 상상을 기대해 본다.

※ 새교실 1971년 9월호 교단아라비안나이트. 76화(話).

〈후렴〉

대전 계룡문고에서 광주광역시에 있는 한림-문학춘추사의 시인선 광고란을 보고 시조집을 구입했고 시조시집의 광고란을 보고 동명이인을 찾아냈다. 2006년 11월 22일경 전남광주에서 발간한 문예춘추를 구입 독서하던 중 우연히 동명이인을 발견하고 시조집을 보내 드리고 낯도 모르는 인사를 드렸다. 고향을 향해 부르는 노래 시집을 보내 주셨기에 수록 내용이 시와 시조가 합해져서 시조만 따로 모아 발간하도록 권장하였다. 그후 2008년 4월 8일 『불태산 가실 마당』 시조시집을 보내왔고 『깊은 밤 부부 사이에 끼어든 반월』 제3시조집을 발간하였다. 2011년 6월 25일 전자우편으로 광산김씨, 1936년 5월 22일(음력) 알려

주어서 상견례(相見禮)를 하겠다고 호남선 전남 장성역을 찾아 갔다. 자제분이 직접 마중 나와서 자가용으로 댁까지 모시고 가 점심을 나눈 뒤 귀가한 사례가 있다. 결론적으로 한글, 한자, 성명이 똑같고 생년월일만 동명이인(同名異人)을 만나 시조문학 2011 봄 호에 다음과 같이 정리한다.

〈인연(因緣)〉-대전유성-관촌 김창현

노령산맥 불태산 자락 장성(長城) 유재(裕齋) 선비 만나
해마다 단감 풍년(豊年) 형제 핏줄 인정(人情) 넘쳐
한(恨)세상 동명이인끼리 시조 만 수(萬 數) 짓고 사세.

〈인연(因緣)〉-장성 유재 김창현

이 세상 모두가 인연으로 얽힌 세상
이름 석자 같은 인연 정으로 설키었네.
그 동안 오갔던 정을 저 먼 곳까지 이어 가세.

※ 이름이 똑같은 김창현(金昌鉉)끼리 현대시조를 창작하고 있음.

개구리도 배꼽이 있나?

말똥구리가 쇠똥을 반죽하여 경단을 만든다는 사실은 누구나 다 알고 있는 사실이다. 6월의 첫여름 어느 날, 송글송글하게 열었던 땀방울을 닦으며 막 도시락을 맛있게 먹고 있는 점심시간이었다. 개구쟁이 영상이가 우연히 두꺼비를 잡아 가지고 와서 신기한 듯 기어 다니는 모습을 관찰하고 있었다.

손가락이 몇 개, 부채발가락이 몇 개, 눈, 코, 입…. 그런데 울지 않는다고 야단이다. 점심을 먹다가도 어처구니없어 웃음이 터져 나와 참을 길이 없었다. (금방 주먹이 왔다 갔다 하지만 꾹 참고) 정말 위대한 발견이라도 한 듯하다.

한참 후 개구리는 배꼽이 어디에 있어요?

어? 배꼽이 없니?

배꼽이 어디에 숨었는가 보다. 자세히 살펴보아라.

내 자신 교단생활 20년이 가깝지만 이렇게 진귀한 것을 질문해 왔을 때는 어떻게 답변해야 좋을지 퍽 난처했다. 그래 배꼽이 없는 동물도 있다. 왜, 배꼽이 없다니? 몰라요?

모든 동물 가운데 소 개 돼지 호랑이 등은 태어나면서 젖을 먹고 자라지만 알로 새끼가 태어나는 새, 제비, 개구리, 두꺼비 등은 나면서 먹이를 먹고 자라기 때문에 배꼽이 없단다.

그럼 닭도 배꼽이 없겠네요? 물론이지. 알로 새끼를 낳는 모든 동물은 배꼽이 없어요?

며칠이 지났다. 우리 학교 교장선생님 사택이 우리 반 교실과 가까운 거리에 있다. 또 닭을 몇 마리 기르고 있었다. 직원조회 직전 가까스로 출근한 나머지 교장실로 오라는 신호?

교장선생님의 불호령이 떨어졌다. 어떻게 가르쳤기에 교장선생님의 닭까지 도둑질하게 하느냐?(껄껄 웃으며) 영문도 몰라 되물어보았것다.

선생님! 참 훌륭한 교육을 하셨대요? 사실 지금 이 시대가 어느 때고 교육이 어떤 교육인지 도무지 이해가 안 된단 말이야? 산, 교육! 즉, 김선생님처럼 이렇게 실지로 보고 직접 이해가 되는 산교육을 해야지. 죽은 교육을 하면 무엇을 쓰노? 개구쟁이 영상이가 교장선생님의 닭을 잡아가지고 실지로 배꼽이 있나? 없나? 확인 차? 교장선생님께 덜컥했다는 이야기. 내가 미쳐!

왜, 하필이면 교장선생님 닭을 도둑질한단 말인가? 교장선생님의 꾸중, 아닌 칭찬을 듣고 교장실을 나오는 내 마음은 한결 미움과 환희가 소용돌이쳤다.

— 새교실 1975. 9월호 교단아라비안나이트 183화(話)

〈후기〉

1986년 3월 5일 대전용전초등학교 3학년 5반을 담임했을 때, 콩나물

시루처럼 73명까지 생활한 일도 생각난다. 교실 한 칸이 20평인데 10평씩 베니어판으로 칸막이를 해서 두 개 교실로 운영하였다. 결국 1988년 3월 5일 개교한 대전중리초등학교로 전근이 되었다. 초등학교 제6차 교육과정 3학년 1학기 〈실과〉에서 병아리 기르기 단원이 나온다. 농촌 어린이보다 도시(대전) 어린이들이 날카로운 질문, 까다로운 질문이 쏟아졌기 때문에 일반상식을 머릿속에 암기하고 있는 편이 마음이 편하다. 웃기는 이야기 에피소드를 빼놓을 수 없다. 병아리 고르기에서 〈배꼽이 잘 아문 것을 고른다.〉라는 단원이 나온다. 그렇다면 난생동물도 배꼽이 있단 말인가? 대전중리초등학교 어느 선생님은 병아리의 배꼽이 잘 아문 것을 고른다라는 실과 문제를 해결하지 못해서 곤경에 빠진 일도 있다. 사람이나 젖먹이동물들의 배꼽은 반드시 흉터가 남아 있고 개구리는 빨리 자라기 때문에 72시간 이내에 현미경으로 볼 수 있고, 병아리는 배꼽이 공기집으로 남아 있다. 그러므로 젖먹이동물의 배꼽이 따로 있고 병아리 배꼽이 따로 있어 뜻 구별을 해야 한다.

얄팍한 상인들이 교문 밖에서 한 마리에 500원 받고 병아리를 팔고 있었으며 부화장에 가서 배꼽이 잘 아물지 못한 병아리를 구입해서 만져보고 보여주며 현장교육을 한 일도 있다. 오늘날 현재는 전염병 예방 차원에서 교실로 병아리 반입을 금지하고 있음은 상식적으로 알고 있어야 할 것이다.

필화사건(筆禍事件)

1979년 3월 8일 목요일 맑음.

아침에 출근하기도 바쁘게 전화를 받으라고 한다. 공화당충남도지부인데 당신이 김창현 선생이냐고 묻는다. 예, 그렇습니다. 이 X새끼야, 너 무슨 의도를 가지고 편지를 썼느냐? 밥통 끊어지고 싶으냐? 전화통화로 몇 마디 싸웠다. 전화가 또 걸려 왔다. 공화당서천군지부인데 이 X새끼 죽여? 전화 때문에 수업 들어갈 시간이 없었다. 서천군 마서면장이 똑같은 욕설로 정오까지 욕설 통화로 끝났다. 이번에는 서천군교육장이 학교장한테 전화해 골머리 아픈 하루였다. 내가 주장한 이유가 선거에 종사한 분의 잘못은 생각지 않고 대통령 각하께서 보시면 큰 난리가 난다고 큰소리친다.

즉, 전체의 대강도 모르는 분이 자기 앞만 생각하고 있었다. 충남 서천군 장항경찰서에 두 번이나 불려가 자술서를 쓰라고 한다. 무슨 의도로 그 따위 편지질을 했느냐고 우격다짐을 한다. 읽어 보시면 알 것 아니요? 전체의 대강이 무엇인데 자술서를 쓰라는 거요? 쓸 것이 없어서 못 쓰겠습니다. 〈이하 생략〉

글 한 번 잘 못 쓰고 공화당의 틈바구니 속에서 온갖 공갈, 협박, 경찰서에서 수모를 당한 필화사건을 사진과 함께 소개하고자 한다.(사진은 이사로 분실하였음) 물론 자연보호 운동과 함께 필화사건을 마무리한 것은 물 흐르듯 흘러가 버렸다.

제 10대 국회의원 선거를 치른 후 벌써 석 달이 지나갔다. 벽보판의 일그러진 사진을 볼 때마다 '그 뒤처리가 깔끔했으면 그 얼마나 시원할까?' 하는 아쉬움이 남는다. 그것도 지정 벽보판이 따로 있으련만 요소, 요소 마다 붙여 참정권의 의무를 다해야 된다는 뜻도 있고 빠짐없이 투표하여 국민의 권리를 바로 찾자는 슬로건 아래 적재적소에 부착했을 것이라고 생각한다. 우리는 무관심 속에 하루 일과를 허송세월로 넘기는 것보다 좀 더 깊은 주의와 사고가 절실히 요구되고 있다.

어린이들이 후보자의 얼굴을 어떻게 만들어 놓았는지 살펴 본 일은 없는가? 수염을 그리고, 안경을 그리고, 눈을 찢고 입술을….

나는 이렇게 만들어 놓은 어린이를 탓하기 전에 우리 어른들의 반성이 촉구된다. 왜 뒤처리를 깔끔하게 하지 못했나? 마땅히 선거에 종사한 분이 뒤처리를 깨끗이 하여 비뚤어지게 커 가는 우리 어린이들의 행실을 바르게 잡아야 되지 않겠는가?

오늘날 우리 한국의 어린이들은 어떻게 자라고 있는가? 어린이들의 건강은 좋은가? 어린이들의 생활과 환경은 어떠한가? 또 교육은…?

세계 속의 한국, 어린이를 슬기롭게 키워가는 '세계 어린이 해'를 맞이하여 행정 당국에서는 근본적으로 어린이 행정 문제를 다루어야 한다고 호소하는 바이다.

〈참고〉 1979. 3. 8 목요일 서울신문

가보(家寶)

국가에서는 문화재적 가치가 있는 보물, 무형문화재, 인간문화재, 유형문화재, 유네스코 문화재 등을 법으로 정하여 보호하고 있다. 특히 국보는 민족의 슬기와 찬란한 전통문화를 이어받아 계승되어 온 자취임을 모두 자인하고 있을 것이다. 가정에서는 조상 대대로 물려받은 진귀한 보물을 가보라 하고, 국가에서는 진귀한 보물을 국보라고 한다.

1959년 4월 1일 개학이 되고 충남 금산군 남일면 초현리 남일초등학교에 발령되어 두서너 달 지났을 때였다. 충남대학교에 다니는 동갑내기 친구를 알게 되었다.

가정 형편이 어려운 내 처지와 너무나 엇비슷하기 때문에 항상 글을 아끼고 풋내기 시(詩)를 읊는 일도 며칠을 거듭해 왔다고 생각된다. 어느 날 타향살이 설움과 고독을 달랠 길 없어 친구 집을 방문했을 때 나와는 정반대로 상쾌한 기분으로 나를 반갑게 맞아 주었다.

오늘만은 내 깊은 속사정 이야기를 털어 놓겠다고 하면서 꽃무늬 유리 벽장문을 열어 제쳤다. 옻칠을 해서 번들거리는 엿목판, 엿가위, 엿자르는 쇠뭉치….

이것이 자기 가정의 가보라고 일장 연설을 해댔다. 친구의 가친은 이 세상을 등진 천국의 이방인이 되었지만 온갖 수모와 고생 근면 절약하는 엿장수를 하여 가산을 중흥시켰고, 호화로운 기와집을 짓고 대학까지 다니게 되었다는 사연이다. 참, 어안이 벙벙하였다.

외제가구 가전제품이 범람하는 이때 보잘것없는 엿목판이 가보라고! 요즈음 현실 사회에서는 뻔지르르한 외제 가구가 가보요, 값비싼 외제 가전제품이 귀중한 가보인 양 떠벌리고 있다. 좀 생각해 볼 일이 아닐까? 국산품 애용은 어느 때 쓰는 말인지 통 이해가 안 되는 말이다.

남들은 제대로 이어받은 연적(벼루)이며 족자, 고서 등 헤아릴 수 없는 진귀한 보물들을 가보로 남겨 조상의 얼을 되새기고 후손에게 가풍과 가훈을 이어 받도록 노력하고 있는 가정도 퍽 많이 있을 것이라고 생각한다. 나의 조상은 높은 자리에 정유재란 때 역적으로 몰린 후로는 은둔 생활이 계속되어 가보라고 남긴 물건 하나 없으니 한(恨) 맺히는 일이 한두 번이 아니다. 곰곰 생각하다 못하여 문득 떠 오른 비상수단이 〈대한민국국민훈장 동백장〉을 가보로 물려 줄 생각이다. 남들은 콧방귀로 흥얼거릴지 모르지만 착하고 바르게만 살면 그보다 더할 것이 무엇이 있겠는가? 먹물로 몇 자 쓴 훈장이지만 훈장 속의 숨은 뜻을 이어받아 먼 훗날의 후손들이 가보로서의 가치 기준을 알아주었으면 얼마나 다행스러운 일이겠는가? 전시회의 서화 작품처럼 훈장까지 포함하여 표구하였기 때문에 영구하게 보관하리라고 믿는다.

오곡백과가 풍성한 가을

지난여름에는 짓궂게 퍼붓던 비가 그칠 줄 모르고 내리더니 홍수가 범람하여 수해의 상처를 입은 것도 어느덧 사라졌다. 감나무 아래에서 목청을 돋우던 쓰르라미도 첫 서리가 오자 가을과 함께 어디론지 가버렸다. 우리 학교에는 네 그루의 감나무가 자라고 있다.

감나무 잎들이 떨어지는 것이 더욱 가을이 깊어 감을 느끼게 한다. 푸른 잎이 무성 할 때는 잘 보이지 않던 감이 첫서리부터 물들기 시작하여 가지마다 주렁주렁 눈에 뜨이게 잘 보인다. 감나무 잎과 언젠가는 헤어져야 한다고 어렴풋이 짐작하였지만 이렇게 덧없이 떠나게 될 줄이야 미처 몰랐다. 그러나 이대로 영원히 사라지는 것은 아니다. 학교 뜰에는 어느덧 저녁노을이 내리고 식장산에 얼비치는 마지막 노을이 그립도록 곱기만 하다.

여름철에는 그토록 생기롭던 나뭇잎이 계절을 따라 벌써 잿빛으로 어울려 간다. 비 갠 뒤의 늦바람이 가슴에 사무치도록 싸늘하기만 하다. 길고도 짧은 인생이었지만 바라는 곳에 정열을 불사르고 다 타지 못한 미련을 깊이 간직한 채 떠나면 그만이지 여기에 비단옷을 휘감고 간들 무슨 소용이 있겠는가? 내가 어렸을 때는 은행잎, 감나무잎, 단풍잎을 책갈피에 끼워 넣고 다녔다. 더 얇고 납작하게 만들기 위해 다듬잇돌로 눌러 놓다가 힘에 겨워 엄지발가락을 다친 일도 있다. 지금은 인공 책갈피가 뒤범벅이 되어 속담, 격언, 명언을 넣은 것들이 범람하고 있지만 가을 맛과 향기를 음미하기에는 여운이 남을 것만 같다. 오늘도 학교 뜰에는 감나무 잎이 뒹굴고 있다.

산토끼처럼 뛰노는 아이들의 티 없는 웃음소리가 유난히도 맑게 들리는 어스름 저녁때다. 여기에는 성급한 마음도 없고 그 무엇을 원망하거나 화를 낼만한 아무런 트집거리도 없을 성 싶다. 별안간 회오리바람이 감나무 잎을 쓸어안고 하늘 높이 솟구친다. 그리고는 아무 일도 없었다는 듯 고요하기만 하다.

어린이들이 서로 안녕을 나누는 교문 앞에도 감나무 잎은 휘날린다. 감나무 잎이 어디로 갈 것인지 아랑곳없어도 철부지 어린이 머리 위에도 감나무 잎은 떨어지고 있다. 지금은 몰라도 먼 훗날 언젠가는 그 머리 위에 떨어지는 감나무 잎의 뜻을 깨닫게 될 것이다. 그 바스락 거리는 사연을 알게 될 날도 있을 것이다. 그 바스락 거리는 소리가 또렷이 가슴팍을 울릴 무렵이면 그들도 어디론가 멀리 떠나게 될 것이다.

감나무 잎이 진다. 쓴맛, 단맛 가리지 않고 두루 감싸오던 어머님의 치마끈이 끊어지는 소리가 들린다. 가지 많은 나무 바람 잘 날 없다는데 그 어린 마디마디마다 심줄이 튀어 나오도록 보살피던 어머님의 가느다란 숨결이 뚝 끊어지는 것만 같다.

문득 당나라 시인 두목(杜枚 803~852)의 산행 한 토막이 생각난다.

산행(山行)

원상한산 석경사(遠上寒山 石徑斜)
백운생처 유인가(白雲生處 有人家)
정거좌애 풍림만(停車坐愛 楓林晩)
상엽홍어 이월화(霜葉紅於 二月花)

〈돌길 깊은 먼 골짜기
흰 구름 이는 곳에 인가가 보인다.
수레를 멈추니 노을 속에 만산의 단풍들
서리 맞은 그 잎이 이월의 꽃보다 붉구나.〉

나는 가을이 다 가기 전에 사무치게 피 멍 졌던 사연들을 적어 가을 편지를 띄우고 싶다.

※ 1987. 3 대전용전초등학교 새마을신문

제자가 준 선물

내가 고향을 떠난 지도 어느덧 5~6년이 가까워진다. 지난 겨울방학 때 뜻밖에도 25~6년 전에 6학년을 담임했던 제자를 우연히 만났다. 어렸을 때 소아마비를 앓다가 곱추가 되어 장애인으로 키도 작고 허약했을 뿐 아니라 체육시간이면 항상 혼자 교실에 남아 당번 일을 도맡아 했었다.

그때만 해도 곰보 책상이 즐비했던 때라고 생각된다. 그 후 곰보책상 없애기 운동이 번져 횟가루를 아교로 반죽하여 땜질하고 초록색 페인트칠을 해서 새 책상으로 변모 시켜 만들었다. 제자는 항상 나쁜 버릇이 있어서 조각칼로 책상을 깎고 지우개를 쪼개고 고구마, 상수리로 〈검〉자 파기, 자기 이름 파기를 해서 남의 학습장에 도장(圖章)을 찍어 주고 선생님이 검사했다고 떠벌리며 사랑을 했었다. 체육시간이면 모두 이런 일과로 지냈다고 기억된다. 어느 때는 조각칼로 책상을 깎고 있을 때 몇 대 쥐어박은 일도 생각난다. 지금은 불혹이 훨씬 넘어 도장포를 경영하고 있다고 했다.

선생님! 그 옛날 책상을 조각칼로 깎는다고 선생님한테 꿀밤 먹은 일이 영영 잊혀지지 않아요? 그때 꿀밤을 먹이면서 도장쟁이나 해먹어라고 꾸중하시던 말씀이 지금도 귀에 쟁쟁합니다. 지금 묘하게 직업이 인장업을 하고보니 선생님의 예언대로 이렇게 되었나 봅니다. 하고 피식 웃는다.

자네! 요즈음 우리나라 세상은 산업사회가 너무 급속도로 복잡하게 발달해서 직업은 귀천(貴賤)이 없어요. 자기의 노력대로 성심 성의껏 가족을 열심히 이끌어 가면 되지 그 외에 더할 것이 무엇이 있겠는가? 그것이 바로 행복이라고 하네. 선생님! 가게까지만 와 주시겠어요? 선생님 생각이 간절할 때 도장을 새겨 놓은 것이 있으니 선물 좀 받아 주세요.

내 이름을 아로 새긴 도장은 하늘을 나는 용무늬 모양을 한 수정으로 무지개 색깔이 알록달록 비치고 만지면 촉감이 매끄러워 장난감처럼 간지러워 묘미를 느낄 수 있는 도장이다. 제자의 정성이 너무 고마워 그 선물 도장으로 동사무소에 가서 인감을 바꾸어 버렸다.

몇 년이 흘러갔다. 어느 날 아내가 아이들 옷도 사고 반찬거리도 산다고 은행 통장과 도장을 가지고 나갔다. 저녁 때 집에 돌아 왔을 때는 다리가 후들거린다고 방바닥에 푹 쓰러져 버린다. 복잡한 버스 안에서 핸드백을 소매치기 당했다고 울먹인다.

할 수 없지. 소 잃고 외양간 고친다고 지금 와서 후회한들 무슨 소용이 있겠느냐고 위로하고 말았다. 다행히 사고 즉시 전화 신고하여 더 많은 피해는 없었지만 핸드백은 영영 소식이 없다.

아까운 가보 1호가 하루아침에 없어졌다고 생각하니 내 마음은 착잡했다. 정성이 담긴 제자의 선물을 잃고 나니 마음 한구석이 텅 것만 같았다.

일주일 쯤 지났을까?

우리 반 아이가 내 도장을 가지고 학교로 왔다. 잃어버린 내 가보1호가 틀림없었다. 무척 반갑고 신통했다. 자기 아빠가 시내버스 운전기사로 일하는데 안내양이 청소를 하다가 도장을 주워왔다고 한다. 이 세상에는 동명이인(同名異人)도 많겠지만 어쩌면 이렇게 우연한 기회로 내 손으로 다시 굴러 들어오게 되다니….

선물 도장과 무슨 천생연분이라도 맺은 것인지 모르겠다. 내 가보1호를 분실했다고 불평을 늘어놓았을 때가 엊그제 같은데 도장 껍질만 없어지고 다시 찾게 된 이 기쁨! 그 어디에 견주랴! 정말 살맛나는 세상, 인정이 펄펄 넘치는 세상 같다. 지금쯤 제자는 입가에 맴도는 웃음을 띄고 도장을 아로 새기고 있겠지?

※ 국어교육 칭긴호(대전시초등국어교육연구회) 1988. 5. 20

통일된 용어

드높고 푸른 가을 하늘!

초등학교 운동회가 가까워지고 있다. 1학년 박 선생님 구령은 〈병아리 앞으로 나란히〉 6학년 김 선생님 구령은 〈양팔 좌우로 벌려!〉 한 학교 한 마당에서 생활하고 있는 어린이들은 참 어지럽겠다. 어느 장단에 춤을 출까?

부정과 긍정의 갈등 속에서 긍정 쪽으로 기울면 〈그렇지!〉 보다는 〈그것도 말씀이라고 씹어 뱉어!〉 이렇게 어처구니 없는 말이 오고 갈 때도 있다. 또 〈제자리 앞으로 갓!〉을 〈제자리 걷기 시작!〉으로 구령을 불러야 옳다고 주장하고 있으니 이를 어쩐담?

어제도 체육시간에 〈앞으로 나란히!〉 〈앞에 나란히!〉 두 개의 구령을 가지고 어용 구령이다, 아니다? 설왕설래 했다.

그 뿐만 아니라 〈그 자리 섯!〉 〈제자리 섯!〉 〈반팔 앞으로 나란히!〉 〈간격 좁혀 앞으로 나란히!〉 〈좁은 간격 앞으로 나란히!〉 〈앉아!〉 〈그 자리 앉아!〉 등등….

저학년에서는 어린이들이 알아듣기 쉬운 교수 용어가 다양해졌다고 주장하고 있다.

그 이유는 무정의(無定意) 용어를 많이 쓰고 있기 때문이라고 한다. 각양각색의 교수 용어에 대해 장단점을 논하기에 앞서 날조된 교수 용어보다 창작된 교수 용어, 창작된 교수 용어보다 통일된 교수 용어가 시급하지 않을까 생각해 본다.

※ 1987. 8. ○. 새한신문 〈오 백자 춘추〉

아빠, 엄마께

— 2015년 1월 9일(음력 11월 19일)
~ 2015년 1월 10일(토) 행사

두 분의 만남으로 우리 사남매 그리고 형우, 고운, 형관 모두 가족이 되어 함께 살 수 있음에 감사합니다. 두 분의 결혼 50주년을 진심으로 축하드립니다. 아빠 엄마께는 항상 죄송하고 부족한 마음뿐입니다. 부디 건강히 오래 오래 오늘처럼 함께 지내시기를 간절히 바랍니다. 아빠, 엄마 사랑합니다. 고맙습니다.

(진숙, 영상, 진영, 진화, 형우, 고운, 형관) 올림.

부모님께

결혼 50주년을 축하드립니다. 저희들을 건강하게 낳아주시고 키워 주셔서 고맙습니다. 한 가정을 책임지고 한 길을 걸어오신 아버지, 지금도 꾸준히 노력하고 열성적으로 활동하시는 아버지, 진심으로 존경하고 사랑합니다. 언제나 자식 걱정, 가정을 위해 최선을 다하신 어머니, 지금도 우리보다 더 열성적인 활동을 하고 계신 어머니, 진심으로 존경하고 사랑합니다. 저희 삼남매도 형우, 고운, 형관이도 부모님이 본보기가 되어 열심히 살려고 노력하고 있습니다. 걱정하지 마시고 지금처럼 건강하게 오래 오래 저희들을 지켜 봐 주세요.

지난 시간을 돌이켜 보니 아버지는 묵묵히 행동으로 우리들을 사랑하셨던 것 같아요. 아버지 출근 하실 때 자전거 앞에 저, 뒤에 병석이 태우고 가시고, 제가 볼거리 걸렸을 때 장항 시내 나가 약 사고 빳빳한 스케치북 미술준비물 사서 학교 갔던 생각이 나요. 제 이름이 새겨진 연필, 파란자석필통 아버지가 군산 가서 사 오셨다는 초등학교 입학 책가방 등.

어머니는 말과 열정으로 우리를 사랑 하셨던 것 같아요. 일찍 일어나라, 밥 먹이라, 이머니가 해주신 팥칼국수, 짜장면, 찐빵, 모두 최고의 요리였죠. 겨울에는 시래기 깔린 붕어찜도 많이 먹었죠. 여름에 비가 오면 엄마가 절 업어다 학교 갈 때 발 젖지 않게 내려 주시고 제가 여름방학 때 서울 갔을 때 일기장에 매일매일 그림 한 장씩 그려놓고 그걸 토대로 일기를 썼죠. 성냥개비로 덧셈을 가르쳐 주셨고 셀 수 없이 많은 추억들이 따 오릅니다.

아버지, 어머니, 건강하세요. 저희 식구 건강하니 얼마나 큰 행복이에요. 저희들 잘 살 테니 걱정 마시고 형우, 고운, 형관이 자리 잡고 증손자 보실 때까지 꼭 건강하게 사셔야 해요. 모두 잘 살고 있다고 생각하세요. 그리고 저희들 잘 살고 있습니다. 더 노력해서 더 좋은 모습 보여드릴게요.

한 가정을 잘 지키고 이끌어 주신 부모님 정말 사랑하고 존경합니다.

2015년 1월 9일 큰딸 올림.

*

할아버지, 할머니의 결혼 50주년을 진심으로 축하드립니다. 앞으로 남은 50년 꽉꽉 채우셔서 결혼 100주년 될 때까지 건강하고 행복하게 지내세요. 저도 공부 열심히 하여 얼른 자리 잡도록 열심히 노력하겠습니다. 항상 감사하고 사랑합니다. 새해 복 많이 받으세요.

형우 올림

*

할아버지, 할머니 결혼 50주면을 진심으로 축하드립니다. 지금처럼 건강하시고 재미있게 오래오래 사세요. 저는 할아버지, 할머니의 열정을 본받아 열심히 생활해서 꼭 효도하도록 할게요. 항상 생각해 주시고 사랑해 주셔서 감사합니다. 그리고 할머니 김치가 짱이에요. 건강이 최고니까 꼭꼭 건강 챙기시고 우리 모두 행복하게 살아요.

고운 올림

*

할아버지, 할머니 저 형관이에요.

결혼기념일 정말 축하드리고 오늘 사진도 찍고 맛있는 것 먹게 해주셔서 정말 감사합니다. 외가댁 들를 때마다 항상 챙겨 주셔서 정말 감사드리고 항상 맨날 매일매일 건강하게 오래오래 사시고 저 이제 수능도 끝났으니까 외가댁 많이 가고 여행도 많이 가요. 할아버지, 할머니 감사하고 사랑합니다.

2015. 1. 10 형관 올림

동가홍상(同價紅裳)

지난 겨울이던가? 함박눈이 펑펑 쏟아지는 어느 날 아침. 일찍 교실에서 난롯불을 피우고 꼬마 아이들을 기다리고 있었다. 몇 년을 두고 그것 그냥 그대로 초등학교 1학년 담임이었다. 학교 담당 사무가 서무를 맡았기 때문에 항상 1학년 담임을 맡게 되었다. 마침 직원조회 싸이렌이 울려 퍼지자 불나게 뛰어 갔다. 바로 그때 교무실 문이 드르륵 열리면서 영상이가 헐레벌떡 뛰어왔다.

선생님, 진숙이 손 데었어요.

가슴이 철렁 내려앉는다.

다행히도 큰 화상은 아니고 손바닥이 조금 노르스름하게 탔다.

난롯불은 벌겋고 진숙이는 엉엉 울고 아이들은 야단법석!

그야말로 아수라상이나!

연고를 바르고 붕대를 감아주어 잘 달래서 귀가 시켰다.

얼마 후 할머니께서 찾는다.

교실에 들어서자마자 고래고래 소리 지르며 차마 입에 담지 못할 욕설을 퍼붓는다. 어찌나 목소리가 큰지 옆 교실 선생님이 민망하고 크나 큰 죄의식감에 사로잡혔다.

할머니 조용히 차근차근 말씀하세요.

이렇게 타일렀지만 막무가내다. ㅇㅇㅇ생전 죽을 때까지 선생질이나 해 쳐 먹어라!

선생 ㅇ은 개도 안 먹는다는데 수고하신다는 정다운 말 한 마디는커녕 이렇게까지 말을 함부로 하실까? 그깐 손바닥이 좀 노르스름하게 탔다고 이렇게 욕하고 화날 줄은 미처 몰랐다. 힘겹게 간신히 타일러 집으로 돌려보냈다. 그런데 이게 웬일인가?

자전거를 타고 막 퇴근하려는 순간 진숙이 아빠가 면회를 하자는 것이 아닌가?

대폿집 귀퉁이에 앉아 이런 얘기 저런 얘기 세상 살아가는 얘기로 꽃을 피우다 술 취한 개라니 그만 열정이 폭발!

내가 무엇을 잘못했다고 그렇게 박절하게 하세요?

말 한마디로 천 냥 빚을 갚는다는 속담이 있는데,

어! 이것 봐라! 목털일시네!

뭐라구요? 목털일서? 내가 어디 짐승인 줄 알으슈?

정말 그렇다. 수탉, 돼지, 개 등등 짐승끼리도 사람도 서로 싸움을 할 때는 털깃을 곤두세우고 상대방의 공격에 방어하고 있다. 지금은 진숙이의 손도 희망 꿈을 안은 꽃봉오리처럼 예쁘고 아름답게 그리고 몽실몽실하게 커 가고 있다.

다음 바톤은 충남 청양정산초등학교 오철석(1946~1991) 선생님께 넘깁니다.

※ 새교실 1976. 6월호 도별 수필릴레이.

소망(所望)

현숙이는 오른손이 없다. 언제부터 오른손이 없는지 나도 모른다. 알아보려고 하지도 않고 또 묻지도 않았다. 어린 가슴에 괴로움과 상처를 주어서는 되지 않기 때문이다.

어느 날 오후 불조심 포스터를 그리게 되었다. 팔 없는 오른손으로 도화지를 누르고 왼손으로 색을 골라 열심히 색칠을 한다. 살그머니 애처로운 생각이 스며든다.(얼마나 신경질이 날까?) 더 잘 그려 보려고 애를 쓰며 더 멋있는 포스터를 그리려고 발버둥 치는 모습이 내 눈에 선하다.

그런데 이 사회는 어떤가? 자기 자신의 피눈물 나는 노력은커녕 안일무사한 요행을 바라보며 주택 복권이나 당첨 되었으면 하는 한 가닥의 가느다란 소망을 사람이 많아지는 것 같다.(물론 개인차는 있지만 사회 전부가 그렇다는 말은 아니다.)

현숙이는 육신이 완전히여 훨훨 날아가는 참새가 되었으면 좋겠다는 소망이 있겠고, 노처녀의 마음은 믿음직스런 그이와 알뜰한 살림을 해 보았으면 좋겠고, 북녘에 두고 온 이산가족은 하루 빨리 통일이 되었으면 하는 소망이 간절할 것이다. 국가와 민족의 중요한 과업이 곧 통일이요, 국민의 소망인 것이다.

우리는 하루 빨리 안일 무사한 요행심을 버리고 국민의 소망이 성취될 때까지 근면 성실하여 영광된 통일 조국을 후손에게 물려주었으면 하는 마음(소망)이 간절할 뿐이다.

※ 1979. 2. 16 대전일보

〈후기〉

내가 바라고 있는 가장 중요한 소망은 농약 중독후유증의 재빠른 치료가 있었으면 좋겠다.

지금까지 몇 년을 두고 침술치료를 해 왔지만 임시 그때 뿐 며칠 지나면 바로 제자리에 맴돌고 있다. 아무런 효과도 없고 별다른 치료 방법도 없고 비가 오려고 구름 낀 날은 통증이 용케 찾아온다. 나이가 있어서 치료를 받아 보았자 바로 제자리에 돌아설 뿐 아무 효과도 없고 또 비가 오려고 구름이 끼었다면 또 통증이 용케 찾아오기 때문이다.

퇴직 후 연금도 없어서 값 비싼 치료약을 복용 할 수도 없는 일. 하루 소일하기가 너무 힘들고 지루하기만 하다. 자식들이 용돈을 주기 때문에 그 용돈을 절약해서 정형시집을 발간하고 문학상을 수상하기 위해서 여러 가지 구비 조건을 갖추고 있지만 그래도 넉넉한 용돈이 모자라서 빠듯하게 지내기 때문이다.

참고적으로 앞날의 계획을 살펴보면 다음과 같이 정리 할 수 있다. 2016년도 정훈(丁薰 1911~1992) 문학상 후보 작품집『대청호 오백리 길』정형시집 발간하고, 2017년도 대전시 문화상(문학부문) 후보 작품 정리하고, 2018년도 〈그리움 탁본〉 정형시집을 한 권 발간하고, 산수기념(傘壽記念) 출판기념회를 하려고 마음먹고 있으나 그 사이에 세상을 하직한다면 아무 쓸데없는 공념불(空念佛)로 끝날 것이다.

시행착오(試行錯誤)

1. 도화지 한 장과 장학사

그윽한 국화 꽃 향기가 교실 안에 풍긴다. 바른 손이 없는 현숙이의 연필을 깎아 주고 엎어버린 크레파스 갑을 정리해 주었다. 구김살이 없고 부끄러움 창피도 모른다. 철부지 순진한 동심의 그 자태, 그 행동이 좋다. 언제, 어떻게 해서 바른 손이 없는지, 그 까닭은 나도 모른다. 묻지도 않고 알아보려고 관심을 가져 본 일도 없다. 아픈 마음의 괴로움과 상처를 주는 것 보다 달덩이 같은 환한 맑음을 심어주고 샘물처럼 티 없는 웃음을 가꾸어 주기 위해서다.

어느 날 오후 장학사님의 장학시찰. 나는 물자절약의 산교육을 이렇게 해서 보여주려고 했는데…. 도화지 한 장을 뜯어서 그 위에 꽃 만들기 작품을 붙여 전시하고, 일주일 후에 뒤집어서 또 공작품을 붙여 전시한 후, 또 다시 그린 도화지를 찢어 붙이기에 활용 하려고 했는데….

이렇게 도화지를 뜯어서 낭비하면 물자절약은커녕 낭비 방조죄에 해당 하겠군! 하면서 투덜댄다.

이것도 수박 겉핥기 교육인가? (남의 속도 모르고…)

장학사님 물자낭비가 아니라 일거오득(一擧五得)인 줄로 아뢰오.

2. 제자리 걷기 시작!

몇 년 전의 일이다.

도 지정 체육과연구학교에서 있었던 일.

나 같이 몸이 호리호리하고 비실거리는 사람도 드물겠지만 체육의 '체'자만 들어도 놀라 자빠지는 축의 하나다. 원래 체육하고는 거리가 멀어 흥미 없는 교과 중의 하나다.

그러나 '하면 된다'는 집념을 가지고 악착같이 물고 늘어졌다. 물론 준비운동이 끝나면 순환운동으로 접어들기 마련, 나는 3학년 담임이라 제식훈련을 빼놓을 수 없었다. 오늘은 학교장의 체육심사.

모든 기초훈련부터 군대식(?)으로

차렷!

인원 보고!

지금부터 제3학년 체육심사를 실시하겠다.

차려!

제자리 앞으로 갓!

명령이 떨어지자, 아이들은 기계적으로 잘도 해냈다.

한 시간 체육 심사를 어떻게 했는지, 숨이 차 헐떡거리고 가슴이 두근거린다.

벨이 울리자, 교장실로 오라는 신호.

김 선생! 제자리 앞으로 갓! 하면 제자리는 예령? 앞으로 갓!은 동령이니까, 제자리에서 앞으로 가야 되잖겠나? 그런 구령이 어디 있어? 나는 (교장님) 이렇게 생각하는데.

'제자리 걷기 시작!'

교장 선생님과 나는 학술적으로 의견이 대립되었다.

아무리 사전을 찾고 군대 제식훈련 책을 뒤져보고 고등학교 훈련장교에게 질의해 봐도 소용없었다.

"제자리 걷기 시작! 이란 구령은 없다고 한다."

아유? 답답해? 이 심정, 지우(誌友) 여러분의 고견을 학수고대 하면서….

※ 1979 새교실 5월호

국기와 물자절약

폭염 속의 뜨거운 열기로 헉헉 대더니 제헌절 아침엔 선선한 동풍과 함께 비가 내리고 있었다. 지난 현충일에 국기를 게양하고 한 달이 훨씬 넘은 뒤에 오늘 국기를 꺼내보니 곰팡이가 생기고 누릇누릇 볼품이 없게 되었다.

국기를 깨끗이 빨아서 다림질해라.

아빠, 비오는 날은 국기 안 달아?

왜? 안 달아?

비 맞지 않게 처마 밑 안에다 국기를 게양하는 거야.

국기를 게양한 얼마 후 동풍과 함께 비가 억수같이 휘몰아치더니 국기가 비에 젖어 꼴볼견이 되었다. 처마 끝 양철지붕에 나부끼다 지쳤는지 국기는 찢어지고 할퀴어 쓸모없는 곰보 국기가 되었던 모양이다.

아빠, 국기를 재봉으로 기워서 다시 쓰면 안돼?

너의 생각과 아이디어는 좋았다.

그러나 국기만은 다시 쓸 수 없는 물건이야.

아빠는 물자 절약도 몰라? 모든 물건을 아끼고 절약하고 폐품까지 활용해서 다시 쓸 수 있도록 튼튼하게 만들어 재활용하라고 했는데….

그런데 국기만은 나라의 표상이요, 민족의 얼이 담긴 상징이기 때문에 찢어진 국기를 다시 기워서 쓰는 법이 아니야.

알았어! 퉁명스런 대답이다.

애, 찢어진 국기는 불에 태워 없애는 법이다. 불에 태워 없애고 보기 좋은 새 국기를 사도록 하자.

지금 우리나라는 석유 한 방울 나지 않고 원료가 부족해서 더 허리끈을 졸라매고 더 열심히 물자절약을 해야 선진국을 따라 간다고 했어? 아무리 찢어진 국기라도 마루 걸레라도 만들고 내 베갯잇 만들면 안 되는 거야?

물론 안 되지?

참, 이해가 안 가요?

부녀간의 대화 속에 아내가 끼어들었다.

당신도 딸 좀 본받아요? 찢어진 국기까지 물자절약을 해라고 했잖아요? 하루에 술 한 잔, 담배 한 개비씩만 덜 피우면 한 달에 절약한 돈도 꽤 많겠지요? 그렇게 절약하고 또 아끼어서 아파트도 구입하고 교육보험도 가입합시다.

딸을 본받아라. 하하하하!

온 식구가 배를 움켜쥐고 한바탕 웃어 제꼈다.

물자절약을 해서 아파트도 사고 새로 사온 국기가 광복절 아침에 펄럭일 것을 생각하니 벌써부터 가슴이 부풀어 오른다.

※ 1979. 8. ○ 대전일보

골목길에서

아침 햇살을 받은 해바라기 코스모스가 하늬바람에 너울거리는 마을 회관 골목길. 회관 마당은 언제나 이 마을 개구쟁이들의 놀이터가 되고 있다. 일요일마다 애향단 봉사활동으로 아침 청소를 하고 오물 수거, 휴지, 빈병 등을 치우는 자연보호운동도 빼놓을 수 없는 일이 되었다.

애들아 축구하자!

골목대장인 듯한 어린이의 의견에 모두 찬성. 축구 경기는 시작되었다. 그나마 짚으로 뭉치고 새끼로 얽어맨 짚공으로 열심히 축구 운동을 즐긴다.(오늘날 현재 사회는 물질문명, 과학문명이 발달하여 짚 공은 찾아 볼 수 없음.)

슛, 골인!

하늘을 찌를 듯한 목소리가 커지는 순간. 빨간 코스모스가 일그러졌다. 아이들은 대나무 막대를 찾아 지주를 세우고 짚으로 코스모스 꽃을 묶어 일으켜 세워놓고 헤어졌다. 지주로 묶어 세웠다고 꽃이 더 필 가망도 없고 열매가 익을 리 없다.

그러나 자기들의 잘못을 뉘우치고 꽃을 사랑하며 남을 도와주는 이

갸륵한 마음씨는 영원하다는 것을 우리는 알아야 되겠다.

이 광경을 목격한 나는 나도 모르게 코가 시큰해 옴을 느꼈다. 이 얼마나 아름다운 미덕인가?

어린이 유괴, 골동품상 살해 등등…. 이뿐인가? 〈어른들은 왜 그래?〉라고 반문한다면 우리 어른들은 어떻게 대답할 것인가? 우리는 어린이의 행실을 본받아야 되지 않겠는가?

자기의 피, 눈물과 피땀을 흘리면 악착같이 이 세상을 헤쳐 나가려고 노력은 하지 않고 복권으로 일확천금을 노리는 일부 사람들의 사고방식도 온 세상을 자기 손바닥 위에 올려놓고 제 멋대로 요리하려는 약삭빠른 생각도 우리는 모두 버려야 하겠다.

우리 모두는 눈앞의 내 자식과 내 형제와 내 이웃에게 이 세상을 진실하게 살아가는 방법을 알려 주어야 하겠다.

그래야만 먼 앞날의 통일을 끌어 당길 수 있고 진실만이 나의 발전과 먼 후세 사람들에게 약이 되고 보탬이 되도록 노력해야 되겠다.

보기 좋은 떡이 먹기도 좋다는 속담처럼 우리는 진실된 삶이 되어 대한민국을 짊어지고 나갈 후세들에게 보기 좋은 나라를 만들어 물려주어야 할 의무가 남아 있다고 생각해야 할 것이며 내 앞에 닥쳐오는 조그만 일부터 정정당당한 일부터 찾아내어 통일을 앞당기는 일에 솔선수범하고 내가 먼저 진실된 삶을 꾸려 나가야 되겠다고 생각했다.

※ 1070. 10. ○ 대전일보

소고(簫鼓)놀이

초등학교 가을 운동회가 시작되면 여선생님이 아무리 많이 모인 학교라도 소고놀이 단골멤버로 알아준다. 1962년도 9월 1일자로 금산군 석동초등학교로 근무지를 옮겼다. 때마침 가을운동회가 시작되었다. 본교는 학년마다 한 개 반이 있고 여선생님이 없어서 전교 보건체조와 여선생님들의 무용지도를 내가 맡아야 했다.

5.16혁명 이후 재건촉진회가 있었지만 호루라기도 없어서 목청을 많이 사용했기 때문에 목청이 과로해서 말이 잘 나오지 않아 고생한 일도 있었다. 내가 지도했던 소고놀이를 농악에 맞추려면 다음과 같은 한국농악이 필요했고 평택농악(웃다리농악)을 울려서 소고놀이를 지도했는데 리듬과 동작의 조화가 어우러질 때 멋과 맵시가 극치를 끌어올려 뱅뱅 도는 동작이 어린이들의 천진난만한 웃음을 감상할 때 그 진미를 맛볼 수 있을 것이다. 참고로 무형문화재로 지정되었고 유네스코 무형문화재유산으로 한국농악이 지정된 것은 다음과 같다.

1. 진주삼천포농악 제11호-가호. 1966년 지정.

2. 평택농악(웃다리농악)제11-나호. 1985년 지정.

3. 이리농악(호남우도농악)제11-다호. 1985년 지정.

4. 강릉농악(영동농악)제11-라호. 1985년 지정.

5. 임실팔봉농악(호남좌도농악)제11-마호. 1988년 지정.

6. 구례진수농악 제11-바호. 2010년 지정.

초등학교 운동회 때 소고놀이를 지도한 학교는 금산석동초등학교, 서천서면, 비남, 판교, 장항초등학교에서 지도했으며 장항읍민체육대회 때 찬조 출연을 하였다. 또 제12회(2002) 전국장구장단경연대회(대전예술-예술가의집, 구-시민회관) 심사위원, 입상자 상장을 써주기도 했다.

우리나라 소고놀이에는 고깔소고춤과 채상소고춤이 있는데, 고깔소고춤은 머리에 고깔을 쓰고 농악을 울려서 리듬에 따라 동작으로 움직이는 형태를 의미하고 신체적 발달이 어린 초등학교 어린이에 적합하고, 채상소고춤은 소고자(簫鼓者)가 기예적(技藝的) 동작을 연출하고 상쇠자가 머리고깔에 긴 띠를 매달아 공중으로 뱅뱅 돌려 관중들의 감동을 끌어 올리는 동작을 의미하고 있다. 오늘날에는 소고놀이도 많이 발달되어 채상소고춤도 초등학교에서 지도자가 탄생하고 있지만 1960년대는 고깔소고춤만 지도했었다.

보릿고개 1

내가 이 세상에 태어났을 때는 일본강점기였다. 국민들이 모두 어업이나, 농업에 종사하였고 수리 시설이 없는 천수답 논밭으로 곡식을 심었으며 흉년이 겹치면 식량이 부족하여 보릿고개를 넘기기가 너무 힘들었다. 보릿고개란 산과 산 사이의 아리랑 고개가 아니라, 1년 벼 농사 지은 곡식으로 보리가 익어서 먹을 수 있는 기간이 보릿고개라고 한다. 벼농사 지은 곡식이 보리가 익기도 전에 보리 민둥이를 먹었다. 보리가 없어서 쑥버무리, 쑥개떡, 바다 해산물로 굶주린 배를 채웠고 초근목피(草根木皮)로 생명을 유지했었다.

아버지는 열일곱 살에 장가를 보냈고, 어머니는 열아홉 살에 시집 오셔서 굶주림과 배고픔에 시달리며 온갖 고생을 다하시며 살다가 일본식 기계새끼틀로 일 년에 기계새끼를 200바퀴를 꼬아 바닷가 어장(漁場)하는 사람들에게 판매하여 그 돈으로 귀틀집을 허물고 삼간 접집을 지었는데, 일 년도 조부모님과 함께 살지 못하고 다른 집으로 분가 시켜 살게 만들자, 홍역과 내항기침병으로 고생하던 중 금강산으로 약수를 잡수시러 떠났고, 어머니는 가내공업인 한산모시 짜기를 해 가며 친정살이를 했다고 한다. 호주머니에 갖고 있는 돈이 없어서 장사를 해 가며 경기도 가평까지 갔지만 장사 밑천이 떨어져서 일 년 농사를 지어주는 고용살이(머슴살이)를 하시고 품삯 받은 돈으로 금강산까지 가셨다고 한다.

삼 년 동안 고생과 고생을 거듭하며 온천 약수를 잡수셨지만 약효를 찾지 못해서 고향으로 내려 오셨다고 한다. 아버지(1910~1996)는 항상 쇠죽 그릇과 쟁기를 지게에 짊어지고 논밭갈이를 뼛골 빠지게 농부 일을 하셨고, 어머니(1909~2004)는 손발이 닳고 입술이 생피가 흘러도 밤잠을 줄여가며 한산 모시 짜기로 돈을 모았다고 한다. 심청이가 심 봉사의 등에 업혀 동네 아줌마들의 동냥젖을 얻어 먹여 키웠다고 하지만, 나도 어머니의 젖이 모자라서 외사촌 누나가 나보다 이십여 일 빠르게 태어난 외숙모 젖을 얻어먹고 자랐다.

내가 대여섯 살 될 때까지 식량과 먹을 것이 부족해서 칡뿌리 캐먹기, 도토리, 상수리, 고사리, 산 가재, 버섯 등. 소라, 고동, 바다 게 등. 소라, 고동을 삶아 먹고 파란색 독소를 떼어내고 먹어야 하는데 알고 있는 상식이 모자라 밤새 화장실을 들랑날랑거렸고 설사로 죽을 고비를 몇 번이나 뛰어 넘었는지 모른다.

오늘날은 고추장, 간장, 된장을 가내공업의 비법을 살려서 장류산업이 고속도로 발달되었고 한방산업이 발달되어 논밭에 고가의 인삼이나, 한약재를 심고 가꾸어 농가의 소득을 올리고 있다. 쓰레기 종량제를 실시하고 있지만 오히려 남는 음식물이 더 많아서 골치를 앓고 있는 일이 오늘날의 현실이다.

전화유감(電話有感)

나처럼 복(福) 많은 행운아도 드물 것이다. 한 직장에서 동명이인(同名異人)이 똑같이 근무한 일도 자그마치 세 번째에 이르고 있다. 한 학교 한 지붕 밑에서 만나면 희로애락(喜怒哀樂)을 같이 했다가 어떤 때는 인사 발령장 한 장을 가지고 홀가분하게 다른 학교로 시집가고 만다. 그러나 용케도 형님이 시집 간 학교로 또 따라 가고 형님이 시집가면 또 따라가고…. 이번에 재회한 일이 몇 번째라고….

내 주변에서는 이러한 일들로 웃음꽃을 피우기 마련, 갑작스런 인사 이동으로 신록이 가득한 오월 어느날, 또 형님이 시집 간 학교로 전근되어 왔다. 전화 벨이 요란스럽게 울린다.

"여보세요?"

"중앙학교지요?"

"예! 그렇습니다."

"김창현 선생님 좀 바꿔 주세요?"

"제가 김창현입니다."

"안녕하세요? 그간 별고 없었지요?"

"예, 지난번 ○○○일 했어요? 그래서 ○○해서 ○○만나요?"

"예, 잘 모르겠는데요?"

"김창현 선생님 아니십니까?"

"제가 김창현인데요?"

이렇게 별일 없는 전화 한 통화로 몇 사람을 울리고 웃겼는지 이루 말할 수 없었다. 다만 독자의 희비애환(喜悲哀歡)을 논하기보다 전화상의 예절을 강조하고 싶다.

비록 상대편에서 동명이인이 한 학교에 근무한다는 사실을 모를지라도. "실례했습니다." "미안합니다" "고맙습니다" 등. 상냥한 말 한 마디가 받는 사람의 마음을 그 얼마나 흡족하게 할까?

우리 사회에서는 상대편의 기분을 상하게 만들기보다는 진정한 예절을 지켜 보다 명랑하고 밝은 사회를 건설했으면 하는 마음 간절할 뿐이다.

※ 1980. 7. ○ 대전일보

내가 겪은 광복절

일제 강점기 때 1945년 4월 1일 충남 서천군 비인면 비인공립보통학교(庇仁公立普通學校) 1학년에 입학하였다. 조선 세종대왕이 만드신 한글은 배우지 않고 일본말을 배웠다. 4월 1일부터 8월 14일까지 넉 달 반 일본책으로 배웠고, 1학년 교실이 월명산 산줄기 따라 뒷동산에 있는데 일본 신사당이 세워져 있었다.

고향이 비인면 관리에서 출생하신 신광식(申光湜 생사 미상) 교장님이 1학년 담임을 했었다. 제2차 세계대전 때이므로 B29비행기가 떴다 하면 비인지서에서 싸이렌이 울리고 전교생이 뒷동산으로 대피훈련을 하였다. 교문 앞에서는 사각형 원뿔 모양 초막이 있었고 교문 왼쪽에 목총을 들고 보초를 서고 있었으며 선생님이 지나갈 때는 손 올려 경례를 하였다.

우리 집에서 학교까지는 4km가 넘을 것이고 월명산 곱돌재에서 일본식 목탄버스를 만나면 눈물을 흘려가며 배를 깔고 대롱대롱 매달려 가다가 멈추면 차장이 나와서 발길질로 궁둥이를 걷어차도 재미있었다. 아카시아꽃을 따먹고 칡뿌리 삐비, 찔레 꽃순, 소나무 순, 진달래꽃을 먹고 다녔다.

월명산 중턱 나지막한 양지 뜸에 자리 잡은 우리 동네는 간척지를 개간한 드넓은 들판을 지나 황해 바다를 바라보고 비인면 다사리에서는 지금도 천일제염 소금을 만들고 있다. 초등학교를 다니면서 무엇을 찾아 먹고 다니는 습관은 보릿고개를 넘기는 슬기로운 생활 습관이며 굶주린 배를 채우기 위한 방법으로 해석할 수가 있을 것이다.

그 중에서도 가장 아슬아슬하고 재미있었던 일은 과일서리가 있었다. 바닷가 모래밭에는 항상 오이, 참외, 수박을 심고 가꾸었다. 굶주린 배를 채우기 위해서 서리를 다녔어도 그때는 모두 인정을 받았고 나중에는 보리나 쌀로 배상해 주었다. 그 당시에 들판에는 참게가 새끼치기에 알맞은 환경조건 때문에 많이 살고 있었으며 바다에는 조개나 맛이 풍년 들어 논밭에 메밀이나 밀을 심어 밀국수를 많이 먹고 자란 셈이다.

1960년대에 채소밭에 D.D.T를 뿌려 채소를 가꾸고 농약을 뿌려 벼농사를 짓게 되자 참게가 모두 사라지게 되었고 모기, 빈대, 벼룩과 여름철에 전쟁했을 때도 약품을 품고 생활하게 되었다. 가장 잊지 못할 농촌 풍경은 논농사가 많은 농가에서는 주인 혼자 농사를 경작할 수가 없기 때문에 고용살이(머슴살이)를 하게 되었는데 소를 몰고 쟁기질을 할 수 있는 일꾼은 일 년 품삯이 쌀 80kg 11가마니(푸대는 70년대 나왔음), 쟁기질 못하는 일꾼은 쌀 80kg 10가마니를 주고 농사를 지었다. 쌀을 돈으로 환산했으며 수량적 계산 방법은 되(升), 말(斗) 곡식을 담는 그릇을 사용하였다.

광복절이 지난 이후에 1960년대 까지 새마을운동이 일어나면서 근대화로 사회가 발전했을 뿐 해방 된 이후에는 농어촌에 라디오, 자전거, 사진기 등 문화시설이 없었고 가난한 살림살이를 유지했었다. 고향에 있는 학교로 왔을 때는 철판으로 원지를 긁어 청첩장, 부고장을 일요일 날도 찾아와 써 주었고 화투놀이를 없애고 윷놀이로 생활개선을 했으며 소고놀이도 가르쳤다.

1945년 8월 15일 황해 바닷가가 우리 고장 앞에는 화약봉지가 떠 밀려와 불을 지르는 놀이를 바닷가 모래밭에서 했었다. 무거운 짐이나 이사 짐은 소를 몰고 다니는 네 바퀴가 달린 쇠 구루마가 있어서 소가 끌고 다녔다. 5일마다 비인 장날이 되면 솔가루를 지게 앞에 나무대기를 달고 네모모양의 나뭇짐이 보기 좋았다.

이 무렵에 고무신이나 라일론 옷이 등장하여 가정생활에 보탬이 되었고 플라스틱을 이용한 그릇, 신발, 가구, 그물 등 생활기구도 1960년대 후반에 등장하였고 가난을 벗지 못한 가정생활로 꾸려 나갔다. 내가 1950년대 사범학교를 다닐 때도 어머니께서 밤잠을 주무시지 않고 입술이 터져서 생피가 흐르도록 한산모시 짜기를 해서 학비를 마련해 주었다. 자취생활을 할 때는 마땅한 반찬이 없어서 소금, 깨, 고춧가루를 혼합해서 볶아 그것으로 밥을 끓여 먹고 학교에 다녔다.

내가 겪은 한국전쟁(6.25 동란)

1950년 6월 25일, 그때는 비인 초등학교 6학년 1반에 다니던 때다. 광복절 8월 15일 날 졸업했다. 이시배(李時培 1928~2012) 은사님이 6학년 1반을 담임했었고, 6학년 2반은 남당분교와 상산분교에서 넘어 왔던 아이들이 많았다. 다음에 사용한 모든 자료는 신문잡지에서 얻은 것이고 내가 직접 경험했던 일을 종합해서 정리했을 뿐이다.

1950년대까지도 가난을 벗지 못하고 농사에 의존해서 살았고 보리밥이나 밀가루를 이용한 수제비를 많이 먹고 자랐다. 산에서 임산자원, 바다에서 해산물을 얻었지만 소라, 고동을 삶아 먹고 독소가 있는 상식을 몰라 배탈, 설사가 많은 어린이 시절을 보냈다. 목화(木花)를 심어서 이불솜으로 많이 사용했고 솜을 장날에 내다 팔아 가정살림에 보탬이 되기도 하였다. 우렁이, 찬게, 다슬기, 고동, 소라를 잡아 반찬이나 농기구 구입하는데 도움을 드렸다.

우리 집은 세 칸 홑집인데 다섯 식구가 살았다. 때마침 6.25 동란이 터지자 전북 군산시 나운동에 살았던 이모부가 피난 와서 함께 살게 되었다. 사법신문사 조사부장을 하시던 홍○표이고 나와 바다로 나가 밋을 잡으러 함께 다녔다. 또 울타리가 모두 대나무로 둘러 싸여 있고 장독대 뒤편 언덕 빼기 밑에 땅굴을 파기 시작하였다.

내 기억으로는 1950년 7월 27일 인천상륙작전이 성공적으로 이루어졌고 서울탄환도 성공을 거두게 되었다. 1950면 7월 29일 마을 도로 나지막한 고개를 자전거 끌고 가던 인민군 선발대가 북상하던 중 동네에서 6.25 전쟁이 일어나기 전에 경비대에 자원입대했던 분이 집으로 도망 와서 살고 있었다. 남달리 의협심이 강직했던 분이 술집에서 막걸리를 잡수시던 중 화장실 없는 도로가로 나갔다가 선발대로 자전거 끌고 가던 인민군 2명을 주먹으로 제압했고 팬티만 입혀 땅굴 속에 숨겨놓았다.

동네 인민위원장이 이 사실을 4km가 넘는 비인지서에 밀고하여 모여 있던 인민군이 모두 우리 동네로 습격해 왔다. 이때 이모부도 잡히고 땅굴은 수류탄으로 폭파시켰고 칼빈 총을 세 발 발사하자 우리 집으로 인민군이 모두 모였다. 아버지도 빨랫줄로 묶여갔다. 웅천과 홍성 사이에 있는 서오산에서 인민재판을 받고 풀려나 4일 만에 걸어서 오셨고 사흘 동안 굶었다고 하셨다.

6.25 동란 중에 충남 서천 등기소에 끌려갔던 장항농업고등학교 학생 5명과 지식인 200명을 등기소에 몰아넣고 불을 질러 학살시켰는데 동네 한 분이 학살되었고 인민재판 때 총살된 세 분, 이모부까지 네 분이 학살되었다.

나중에 송석초등학교로 전근되어 갔을 때 오열사(五烈士) 이야기를 듣고 시(詩)를 쓴 바 있으며 장항에 있던 대한통운 창고 서너 동이 황해바다에 있던 미군함대 함포사격으로 불에 타 없어지고 흉터만 남았다. 장항농업고등학교 학생 5명이 몰래 배를 타고 함대까지 가서 연락하여 함포 사격을 했다고 전해진다. 6월이 되면 오열사의 비석 앞에서 제사를 지내고 송석초등학교 어린이들의 반공정신에 앞장섰던 이야기로 끝을 맺는다.

망둥이 아이큐(I.Q)

산들바람이 불어오는 무더운 여름 날. 탁탁한 공기 속에서 살다가 시원한 바다 바람을 심호흡하니 마음이 넓어지고 가슴이 확 트인다. 신선한 망둥이로 잔맛을 보면서 한 잔 기울이는 것도 정신일도(精神一到)가 아닐지 모르겠다. 큰 망둥이 한 마리를 잡았다 놓쳤는데 주둥이가 찢어졌다. 방금 놓친 놈이다.

"미련한 것, 먹이 때문에 아까운 생명을 버려!"

"한 번 죽을 뻔했으면 포기하잖구!"

이런 생각을 해 본다.

초등학교에서는 대개 2학년 때 지능검사를 받는다.

우리 아이는 아이큐(I.Q)가 얼마나 천재라고 떠벌리고 다니는가 하면 우리 애는 아이큐(I.Q)가 모자라서 공부 잘 하기는 틀렸어? 이렇게 자포자기(自暴自棄)하는 경우가 대부분이다.

우리 집에서도 예외일 수는 없다.

"큰애는 당신 닮아서 산수(算數)도 잘 못하잖아요."

"뭐라구요?"

날마다 곤드레만드레 속에 무얼 본받아 큰애 I.Q가 높겠어요?

"당신은 망둥이 아이큐(I.Q)예요?"

입이 찢어지면서도 또 물어?

"하하하하, 하하하하…"

"망둥이 아이큐(I.Q)라…."

기가 막혀? 이렇게 입씨름을 한 일도 있다.

자식이 공부를 잘 하면 애비 탓을 하고 못난 일만 하면 어미 탓을 하는 근성을 우리는 이제부터 버려야 되겠다.

어느 대학교 교수는, "아이큐(I.Q)란 지능지수라고 하는데 지능 검사의 결과로 얻은 정신 연령을 실제 연령으로 나눈 다음 1백으로 곱한 수"라고 했다.

하찮은 공식을 가지고 아들, 딸을 저울질해서는 안 된다고 강조했으며 지능의 정체보다 교육 환경이 더 밀접한 관계가 있다고 했다. 지능은 기억력의 우월, 사고 회전의 속도, 추상 능력 등을 반영하는 것이라고 어느 기사(記事)를 읽어 본 기억이 난다.

망둥이 아이큐(I.Q)라고 해도 좋다. 하루도 빼놓지 않고 곤드레만드레 속에 키운 아이 어디 가겠는가?

그러나 참되게만 살자! 남들이 흉을 보거나 말거나, 내 분수를 지키고 나 할 일의 책임과 의무를 다 하며, 제2세들을 열성으로 지도하여 훌륭히 키우는 일만 남았을 뿐이다.

※ 1980. 9. ○ 대전일보

아내와 제자

눈만 비비고 일어나면 담배 한 개비를 입에 물고 조간신문을 펴든 채, 화장실로 직행하는 버릇이 언제부터 생겼는지 모른다. 몇 시간이 흘렀는지….

기다리다 지쳐 버리면 뾰로통하고 한마디 쏘아붙는다. 지금부터 시작이다. 다른 집으로 가든지 화장실을 따로 만들던지 무슨 방법이 있어야지 혼자 화장실을 독차지하고 나오지 않으니….

"여보! 도대체 당신 화장실서 무엇하우?"

"고리 탑탑분한 냄새가 그렇게도 좋우?"

나는 날마다 이때만 되면 미역국을 먹는 때가 한두 번이 아니다. 신문 광고까지 모두 뒤적거리고 길게 뿜어낸 담배 연기 속에 무엇인가 쓱! 떠오르는 것? 이 영감이 떠올라야, 배설물이 모두 끝내야, 내 직성이 풀리니 착상인지? 궁상인지? 몹시도 궁색한 아이디어인지? 재빨리 메모해 두었다가 글감을 삼는 버릇이 있으니 별난 취미인지? 못난 습관인지….

오늘 아침 미역국 몇 모금 홀짝이고 출근하는 나에게 아내는?

"당신 아버지도 술병으로 가셨지요? 곤죽이 되도록 마시다간 끝장 낼

꺼유? 정신차려요. 제발 술 좀 그만 먹고 술 마실 돈 있으면 올림픽 복권이나 사라구요?"

열 번 찍어 안 넘어가는 나무 없다고 언젠가는 결코 걸릴 게 아니냐는 식이다.

매미가 목청을 곧두세우는 한나절이다. 해바라기는 길게 목을 늘였고 나팔꽃은 담 너머 시장 골목을 기웃거리고 있었다.

'쨍강쨍강, 쨍강쨍강!'

우리 마을에 엿장수가 엿가위를 치면 아이들은 어느새 그 행렬 속에 파묻힌다. 아내는 빈병, 종이박스 들고 나가 빨래비누와 바꿔온다.

'저렇게 살림살이를 알뜰하고 짭잘하게 하는데?'

요즘 세상은 그렇지가 않은가 보다. 피 땀 흘려 노력하지 않고 일확천금(一攫千金)을 노리던 어느 주부는 화장품 대리점을 경영하다가 빚 청산을 하기 위해 사랑하는 자기 남편을 살짝 어떻게 했다고 한다. 이 넓은 세상을 자기 손바닥 위에 올려놓고 제 멋대로 요리하려는 약삭빠른 사고방식은 이처럼 엄청난 일을 몰고 올 수 있다는 사실은 누구나 다 알고 있는 사실이다. 그런데 아내는 어느 때는 폐품 팔아 알뜰 주부가 되었다가도 남편이 술 마신 돈은 그렇게 아까워서 복권이라도 사자고 권유하니 이래서 여자의 마음은 갈대와 같은 천태만상(千態萬象)이라던가?

술병은 약쑥 물에 갱엿을 달여 먹으면 특효라고 구전이전(口傳耳傳)으로 들었는지 아내는 갱엿 사기에 열을 올리고 있었다. 어쩌나 사나흘은 갱엿은 아이들 입정으로 꼴딱 넘어 갔고…. 쨍강쨍강, 쨍강쨍강…

이번에는 내가 직접 사 두었다가 특효약에 쓰려고 마음먹고 나갔다.

일전에 왔던 그 엿장수? 새마을 모자에 수건을 질끈 동여맨 그 여자?

나는 제자를 여자라고 수정해 주고 싶었다.

그녀의 날카롭게 기른 손톱은 밤마다 남편의 간을 얼마나 파먹었는지 붉기가 장밋빛보다 더 진했다.(도저히 이해가 안 가는데 위장 엿장수인가?)

"어! 선생님 아니셔유?"

"음? 곽복자 아니던가?"

"어찌된 일이여?"

나는 그녀의 손목을 휘어잡고 우리 집 마루로 끌어 들였다.

"엿 목판 값은 몽땅 줄 테니, 이게 무슨 짓이여? 사실대로 이야기나 좀 해봐?"

그녀의 남편이 중동지구 쿠웨이트로 해외 취업 나갔을 때, 돈 놀이(일수 돈)를 하면서 호화롭게 지냈는데, 이자 돈을 받으러 다니다가 그만 제비족에게 속아 패가망신(敗家亡身) 당했다는 결론 얘기다.

나는 그녀를 돌려보낸 뒤 아내와 면전(面戰)이 벌어졌다. 입술에 바른 화장? 그리고 손톱을 물들인 그 자태를 보니 엿장수는커녕 카바레 무엇 아니냐고 윽박질러 댄다.

제자라고 아무리 변명해도

"저 따위 여편네가 무슨 제자요?"

"사실이라니까?"

"나하고 다섯 살 아래니까. 같이 중년기라구!"

중년기에 접어 든 아내의 질투 싸움에 한바탕 쳐부수어 댔으니 아이들 보기가 민망스러웠고 마음이 몹시 언짢았다.

세상살이가 모두 이런 맛일까?

아내의 마음은 보일 듯 잡힐 듯하면서도 만약 우리에게 젊음이란 공

약수가 없다면 모든 게 불가능한 잠꼬대로 끝나 버릴지도 모른다. 남편들은 불쌍하다. 야망과 책임과 의무의 짐을 지고 비틀거린다. 불쌍한 남편들은 포기하며 산다. 야망을 위해 정신을 포기하고 책임을 위해 꿈을 포기하고 의무를 위해 자아를 포기한다. 허우적거리는 남편을 구해 줄 사람은 오직 한 사람뿐이다.

아내 한 사람!

※ 도가니 1983 제8집. 〈소리여, 끓는 소리여!〉에 발표.

※ 세계 5개국 문학기행.

1. 중화민국 : 태산 2005. 5. 3 ~ 5. 7(3박 4일)
2. 조선인민공화국 : 금강산 2001. 3. 18 ~ 3. 21(3박 4일)
3. 일본 : 후쿠오카 2002. 6. 4 ~ 6. 8(3박 4일)
4. 캐나다 : 록키산 2005. 5. 30 ~ 6. 5(6박 7일)
5. 미국 : 자유의 여신상 2005. 6. 5 ~6. 9(3박 4일)

낚시질

뜨거운 햇살이 운동장 사이로 쏟아져 내린다.

아이들의 얼굴이 벌겋다. 숨이 콱콱 막힐 지경이다.

등을 타고 땀방울이 줄줄 흘러내린다.

지난 주말이던가? 모처럼 틈을 내어 충남 서천군 서면 주황리 배다리 낚시터로 낚시질을 갔었다. 이곳은 전국에서 유명한 강태공들이 몰려오는 곳이다.

이날따라 입질은 하지 않고 날씨는 찜통 같으니 잡히기는커녕 한산하고 조용한 외딴 섬에 온 기분 같았다. 목이 탄다. 심한 갈증을 견뎌내기 어려워 콜라병을 들고 열심히 목운동을 하였다. 줄줄 흘러내리는 땀방울 때문에 찌는 보이지 않고 아른 거리는 물결만 수 없이 스크린처럼 지나갔다.

갑자기 쉬익 하더니 한 놈이 낚시대마저 물고 한가운데로 도망쳤다.

(눈 깜짝 할 사이) "이거 어떻게 하지?"

깊지는 않지만 수초가 우거져 수영에 미숙한 내가 들어갔다가 괜히…. 나 혼자 중얼거리고 있었다. 더구나 아이들에게는 저수지가 위험하니 들어가는 사람은 엄벌(경고)에 처한다고 내 입으로 털어 놓았고….

"월척이야, 놓칠 수 없지?"

인간의 욕심은 무한대라고 한다. 이 욕심 때문에 인간들의 큰 과오를 범하는 것이 흔히 일어 날 수도 있는 일인지 모른다. 아이들이 보지 않고 없으니 잠깐 실례해야지? 옷을 훨훨 벗어 던지고 준비운동을 한 다음 얼굴, 가슴에 물을 찍어 바르고 물속으로 들어갔다. 점점 깊어진다. 수초에 걸리면 비틀거렸다. 물은 목에 찼는데 낚싯대는 잡힐 듯 말 듯하더니 그만 풍덩 곤두박질해 버렸다.

"위험해!"

주위 사람들의 고함 소리는 들리지 않았다. 허우적거리다가 힘겹게 낚싯대를 휘어잡고 기어 나오면서 실랑이를 별였다. 어느새 아이들이 우— 몰려 왔다. 건너편 논에서 모내기를 하다가 이 광경을 보고 우리 선생님 물에 빠졌다고 구경꾼이 몰려온 것이다.

"선생님 살았어?"

"수영을 아주 잘 하는 솜씨인데?"

자기들끼리 수군대고 속삭거렸다. 눈앞이 아찔했다. 아이들 앞에 엉거주춤하고 계면쩍게 서 있는 나의 모습? 다듬이질치는 내 가슴 속! 설레는 이 마음! 어떻게 진정할까? 겨우 가물치 한 마리를 잡았다. 그래도 아이들 앞에서는 일장 훈시를 했고, 나는 우리 집 아내가 산후조리가 잘못되어 한약감으로 잡았다고 변명할 수밖에….

아이들을 집으로 돌려보낸 뒤 더 이상 낚시질 하고 싶은 마음이 내키지 않았다. 배다리 정유소에서 몸도 씻고 휴식을 취한 다음 집으로 와야 되겠나고 생각했다. 우연의 일치인가? 친구를 만났다.

"야! 이게 몇 년 만이여?"

"야! 참 반갑다."

"참 오래간만이군!"

"그때, 참 자네가 없었더라면 영영 이 세상을 영원히 하직할 뻔 했는데?"

"낚시질 왔군?"

"몇 수 했나!"

"말 말어? 골치 아픈 일 생겼네?"

우리는 자초지종(自初至終)을 얘기하였다.

"선생님이 아이들을 가르쳐야 하는데 아이들이 선생님을 가르쳤군!"

"손자한테 글 배운다더니?"

이렇게 중얼거렸다. 듣기에 무척 민망스럽고 부끄러웠다.

"자네! 오랜만에 만났으니 딱 한 순배(巡杯) 해야지?"

"그 가물치 횟감 좋네?"

"여봐! 우리 집사람 여차 저차한 일이 생겨서 긴요하게 쓸 것인데?"

'난처한 일이었다. 그렇다고 생명(生命)까지 구해 주었던 그 은인(恩人) 친구를 버린다는 것도 아내의 보약(補藥) 감으로 한 잔 들이켠다는 것도 이럴 수도 저럴 수도 없는 진퇴양난(進退兩難)의 길이었다.'

해는 서산(西山) 마루에 걸려 있었고 저녁놀이 불그스름하게 물들고 있었다. 가슴 속이 개운치 않았다. 진퇴양난의 갈림길에서 소용돌이치는 이 마음을 무엇으로 달래 주어야 할지? 아내의 따뜻한 손길이 아쉽기만 했다.

※ 1984 〈도가니〉 제9집 '오늘의문학'

컴퓨터 시대

내가 사범학교를 졸업한 때는 1959년 2월 21일이다. 1959년 3월 31일 전북 금산군 남일초등학교에 발령된 것이 첫 직장생활이다. 1959년 4월 1일 개학식 날부터 1959년 7월 15일까지 근무했고 병역의무를 위해서 휴직을 하였다.

대한민국 자유당 때 이승만(李承晩 1876~1961) 대통령과 이기붕(李起鵬 1896~1960) 부통령이 당선되는 부정선거도 군대생활 중에 실시했다. 곧 이어 4.19혁명이 일어났고 5.16혁명으로 이어진다. 원고지에 썼던 모든 군사우편은 무료이고 1960년대와 1970년대의 모든 문학작품은 원고지를 활용한 것이 많았고, 백지를 이용한 것도 볼 수 있었다.

충남 금산군 남일초등학교나 군대생활 할 때는 컴퓨터라는 기계는 구경조차 알 수 없었고, 1964년도에 처음 컴퓨터가 출현했지만 고가이기 때문에 전국 초등학교는 컴퓨터가 없는 직장생활을 하였다. 1970년대에 대전일보에 투고했던 문학작품도 모두 원고지를 사용했고 170원 우표가 필요하였다.

1980년대와 1990년대에 접어들면서 컴퓨터가 보급 확산되어 원고지에 문학작품을 기록하던 시대를 마감하였고 일상생활이나 직장생활도 컴퓨터를 활용하는 시대로 전환되었다. 2000년대에 대전동시조문학회를 조직하고 전국이나 대전 · 충남지역의 문학작품 원고를 수집 접수하게 되었다. 갑자기 팽창되는 문학작품을 한꺼번에 처리하기도 어려웠고 편지 속에 원고지를 보내주신 원로 시인들은 컴퓨터 기술이 부족하여 쩔쩔 매기도 하였다.

직접 컴퓨터를 구입하게 되었고 유성장애인복지관에서 무료 강습을 수강하게 되었으며《 문학사랑 》인터넷문학상을 수상하게 된 이유가 과학문명의 급속도로 발달된 원인이 여기에 있으며 문화발전도 이끌어 오게 되었다.

내가 붓글씨를 애용했던 것은 1960년대다. 우선 벼루에 먹물을 갈고 사용했기 때문에 서예도구를 별도로 장만하였고 청첩장(請牒狀), 부고장(訃告狀)을 원지에 등사해 주던 시절이라 거추장스럽고 시간 낭비가 많았고 많은 물자자원이 부족해서 불편한 시대에서 직장생활을 한 것 같다. 오늘날은 컴퓨터가 범람하고 시간을 단축할 수 있고 물자자원이 풍부해서 컴퓨터 활용 능력이나 사무능력, 문학작품, 도서 발간을 손쉽게 제작 할 수 있는 편리한 시대로 전환되었다.

컴퓨터가 사람 만들어? 기계가 사람 만드나? 사람이 기계, 컴퓨터 만들지? 사람이 있어야 기계를 만들지? 돈이 사람을 만든다. 사람이 돈을 만들지?

오늘날은 과학문명이 팽창해서 과학적으로 증명할 수 없는 사사건건이 너무 많다. 1960년대에 달나라를 정복했고 달나라로 신혼여행 가는 시대가 아닌가? 참으로 신기한 일들이 너무 많은 시대에서 우리는 살고 있다.

명당(明堂)

1995년(음력, 을해 : 乙亥)년 정월 스무 엿샛날. 아들 하나를 점지하려다가 지쳐버려 어언 삼십년 하고도 반절이 넘어갔다. 쭉 내려 뽑은 것이 칠공주(七公主)! 오늘 정월 스무 엿샛날은 일생동안 학수고대(鶴首苦待)했던 고추가 탄생했으니 그야말로 경사(慶事)가 철철 넘치는 잔칫날 같았다. 부모님은 남존여비(男尊女卑) 사상이 투철하여 항상 며느리를 대할 때마다 세로만 낳는 고제라고 토라지기가 다반사였고 나 자신 친구들의 놀림을 당하는 일과 농담이 그칠 줄 모르게 꽁지가 꽁지를 물고 늘어졌다. 심지어 아들 낳은 사람들은 대감지, 이 딸만 낳는 사람은 잠지, 그리고 나머지는 좌지라고 놀려주고 농담할 때마다 나의 신경은 수없는 번뇌의 곤두박질을 쳤다. 이는 수억 년의 영겁을 두고 계속 되었는지 모른다. 내가 총각 때만해도 딱 고추 둘만 낳고 가족계획에 앞장선다고 호언장담(豪言壯談)했지만 낳고 보면 세로, 세로….

오늘은 마음 먹고 오장육부(五臟六腑)를 건드렸던 읍내 친구들을 찾아가 "오늘 내가 대감지가 되었으니 자! 한 순배(巡杯) 하자고!" "그래? 야! 축하하네!" 그러자 우리들의 멤버들은 통금(1970~1980년대는 해인

지역에 간첩선이 출몰해서 밤 12시만 되면 통행금지 구역이 있었음) 사이렌이 촉박 했을 때 뿔뿔이 헤어졌다.

내 기분은 가슴 속 깊이 응어리졌던 피고름이 난도(亂刀)질 되었고 땡볕 쬐는 여름날 솜사탕 녹듯 사르르 풀렸으며 술이 술을 먹었으니 하늘이 핑그르르 돌았다. 곤드레만드레 취해서 방구석에 나가 떨어졌던 내가 심한 갈증을 견뎌내기 어려워 눈을 떴을 때는 새벽 4시, 아내와 장모가 훌쩍훌쩍 흐느끼는 소리가 어슴프레하게 들려 왔다. 불길한 예감이 스쳐간다. 나봐! 왜? 그래? 묵비권이 계속되는 순간, 순간의 침묵이 흘러갔다. 젖 포대기를 제치고 아들을 바라봤다. 꽃사슴처럼 달덩이 같은 얼굴이 쌔근쌔근 잠을 자는 듯 했다. 고추를 만졌다. 섬뜩하다. 죽었다. 죽었어? 하늘이 무너지고 땅이 꺼졌다.

긴 한숨을 내 품으며 허탈에 빠진 장모가 한마디 내 뱉는다. 불과 다섯 시간 밖에 되지 않았는데 이게 어찌된 일이유? 일평생 탯줄 끊는 가위질만 했어도 아들 오형제를 꿀돼지처럼 길렀다. 단명(短命)한 사람은 할 수 없느니라. 장모는 실수를 긍정하는 내색은 찾아 볼 수 없었다. 산부인과 의원을 찾아가 해산한다던 아내의 주장을 묵살해 버린 채, 장모의 끈질긴 옹고집 때문에 아들의 탯줄을 소독약도 바르지 않고 가위질 하는 돌팔이 조산원 산파역을 했으니 장수할 수가 있겠는가? 지지리도 아들 복이 없구나?

내 사주팔자(四柱八字)가 이렇게도 모질게 태어났나? 하느님 맙소사! 왜? 나에게만 이런 불행을 주시나이까? 세상이 공평정대(公平正大)하지 못합니다.

아! 하느님! 장모는 비단 이불과 흰옷저고리를 입히고 실로 매단 옷고름을 여미고 바지를 끼우면서 젖 포대기로 매장을 하기 시작하였다. 아내는 계속 흐느끼다가 애절복통(哀切腹痛)을 하면서 방바닥을 쥐어뜯는다. 코끝이 찡하고 눈시울이 뜨거워 왜 그렇게 하염없는 눈물이 줄줄 흘러 내렸는지…. 장모는 젖 포대기로 둘둘 접은 아들 시체를 들려주며 날이 밝기 전에 암매장하라고 재촉했다. 정월 그믐 칠흑 같은 어두운 밤 장항읍 화천동 1구 3반에는 모두 노인들 뿐, 누구하나 협조자가 없었다. 괭이와 삽을 들러 메고 시체를 옆구리에 낀 채 아내가 흐느끼는 긴 여운을 남기고 대문을 나서는 나의 발길은 천근만근이나 무거웠다. 응달에는 흰눈이 녹지 않았고 싸늘한 겨울바다 찬 공기가 옷소매 속을 파고 들 때마다 멀리서 파도 소리만 쏴, 쏴 하고 들려 올 뿐, 그야말로 무서운 적막이 감도는 밤이었다. 소나무 숲사이를 헤치며 지날 때마다 이름 모를 산새만 푸드득거리며 깜짝 놀라 날아갔다.

그래도 양지 바른 명당(明堂)자리에 묻어야지? 그래야만 복(福)을 받아 또 아들을 점지해주지? 이런 공상(空想)을 떠 올리며 정신없이 봉분을 만들고 발로 꼭꼭 밟고 뒤돌아섰을 때는 머리끝이 쩡긋쩡긋 했었다. 허옇게 먼동이 틀 무렵 집에 돌아 와 나는 똑똑하고 영리한 아들을 위로하면서도 떨떨한 기분은 좀처럼 가시지 않았다.

아내는 그래도 미련이 남았는지 양지 바른 명당자리에 묻었느냐고 물었다. 내가 지맥(地脈)은 잘 본다고? 다음 날 직장에는 병가로 처리해 주었으면 좋겠다고 전화만 연락해 놓고 개운치 않은 심정을 달래려고 풍수지리설(風水地理說)에 대한 연구를 시작하였다. 어느 책을 뒤적거려 보니 다음과 같이 기록되어 있었다.

자연 속에 살아가고 있는 인간은 예부터 자연에 대하여 고마움과 두려움을 느끼며 살아 왔다. 이 경우 자연은 하늘과 땅 두 가지로 생각하였다. 그래서 옛 사람들은 이 세상을 구성하는 요소를 하늘, 땅, 사람, 셋이라 했다. 또 삼재 중 하늘은 인간을 낳는 아버지이며 땅은 인간을 길러 주는 어머니와 같다고 생각하였다. 이러한 생각이 바탕이 되어 사람이나 국가가 어떠한 땅에 뿌리를 내리느냐(개인의 경우 무덤, 집터, 국가의 경우—서울)에 따라 개인이나 국가의 우명이 결정된다고 믿었고 이러한 사상을 풍수지리설이라 하였다.

이 사상의 근본적인 것은 땅을 일종의 살아 있는 생명체로 보았다는 것이고 이러한 생명력을 지덕(地德)이라 불렀다. 그러면 어떠한 모양의 땅이 가장 지덕이 왕성한 이상적인 땅, 즉 명당인가에 대해서는 산이 병풍처럼 뒤를 둘러 싸주고 앞에는 맑은 물이 흐르는 양지바르고 넓적한 곳을 명당이라 하였다. 명당의 뒤에 제일 높은 산이 주종산(主宗山)이고 주종산 밑이 주산(主山)이 있으며 남좌여우(男左女右)니까 우측이 청룡(青龍), 좌측이 백호(白虎)산맥이 있고 맑은 시냇물이 흐르는 안쪽이 내수(內水)요, 바깥쪽이 외수(外水)가 흐르며 앞에 나지막이 보이는 산이 조산(朝山)이라고 하였다.

마치 우리의 관상을 보는 것과 같이 머리 부분이 눈썹과 눈썹 사이에 있는 산이 주산(主山)이며 콧날의 한가운데 부분이 중혈(中穴), 위쪽이 상혈(上穴), 코끝 부분이 하혈(下穴)이라고 했다. 명당은 중혈(中穴)이 우세하다고 보았다. 명당의 모습 중 땅의 생명력이 가장 집중되어 있는 곳을 혈(穴), 산줄기의 흐름을 맥(脈)이라 불렀다. 또 지세를 사람의 몸과 같은 것이라 생각하여 땅의 기운도 사람처럼 시간이 지나면 쇠약해질 것이라 믿었는데 이를 지리쇠왕설(地理衰旺說)이라 하였다.

따라서 사람은 왕성한 지덕을 찾아 그곳에 살거나 조상의 무덤을 써야 하며 왕조의 서울도 이러한 곳에 건립하여야만 나라가 융성할 수 있다고 보았고 지덕이 쇠약해지고 있는 곳에서는 떠나야 된다고 믿었다. 그리고 사람도 몸이 쇠약해지면 보약으로 보충할 수 있는 것처럼 지덕도 쇠약한 부분을 찾아 그곳을 보안해 주면 지덕이 회복 될 수 있다고 생각하였고 이를 산천비보설(山川裨補說)이라 하였다. 이러한 비보를 위해서는 절(寺)을 세우는 것이 가장 효력이 있다고 생각하여 우리나라에서는 풍수지리사상(風水地理思想)과 불교가 밀접한 관련을 갖고 발달하게 된 것이다.

우리나라의 풍수지리설(風水地理說)의 시조(始祖)라고 알려져 있는 사람은 도선(道詵 872~898)이다. 물론 그 이전에도 풍수지리설과 관련되는 이야기가 일부 전해지고 있으나 우리나라의 풍수지리설은 도선에 의해 뚜렷한 체계가 세워지고 그것이 후세에 절대적인 영향을 주게 된 것으로 보고 있다. 불교 승려인 도선은 신라 흥덕왕 2년 전라도 영암에서 태어났고 본래의 성은 김 씨였다. 15세에 불문(佛門)에 들어간 그는 말년에 백학산(白鶴山)에 있는 옥룡사(玉龍寺)에서 살았기 때문에 옥룡자라고 불리기도 하였다.

인생은 한 번 죽으면 끝나는 것. 이 세상에서 영원히 존재할 수 없다.

세상 문화가 발달하였고 21세기의 최첨단 우주과학시대를 오늘날에도 풍수지리설은 영원히 존재하고 있으니 그 이유는 무엇일까?

필자한테 비과학적이고 미신과 전설에 의한 주장이라고 공박해 올지도 모른다. 그러나 현실 사회에서는 무시 못 할 이유가 있는 것이다.

오늘날 지금은 명당자리가 초만원이라고 한다. 그래서 인공조경(人工造景)을 하여 명당(明堂)을 만들고 있다는 지관(地官)*들의 중론이다.

내가 눈 감으면 어디로 가나? 명당(明堂)자리가 없는데….

육신은 썩어 한 줌의 흙이 되었어도, 글을 아끼고 사랑했다는 한 권의 책을 보고 먼 후손들은 입가에 오르내리고 있겠지?

※ 1986 도가니문학회 제10집 〈오늘의문학〉

*지관(地官) : 묘 자리를 보아주고 찾아 주는 사람

보릿고개 2

쑥 개떡, 독사 풀씨, 굶던 날이 많았던 날. 일제 강점기 시대 학교를 다니면서 밥을 먹던 날보다 굶던 날이 더 많았다. 먹을 것이 없고 흉년이 들어서 독사 풀씨 볶아 먹고 쑥 개떡을 먹고 학교에 다녔다. 까만 솥뚜껑에서 보리 삶은 물을 먹고 자랐다.

지금은 뷔페 음식이 남아돌아 골치를 앓는다고 한다. 체독이란 담배 또는 부싯돌을 담는 주머니 헝겊이나 가죽으로 만들고 그 속에 사라지를 덧 넣기도 한 것은 쌈지다. 쌈지에는 담배가 마르지 않게 하기 위하여 그 속에 까는 기름종이를 기름에 절여서 만든 것은 담배쌈지이고, 보릿고개를 슬기롭게 넘기기 위해서 부뚜막 조왕신 옆에 싸리개비나 가는 나무 오리로 독 모양을 만들어 안팎으로 종이를 바른 그릇인데 지독이라고 한다.

농촌 시골에서 주부들이 보릿고개를 넘기는 한 슬기로 한 끼의 쌀을 설약하기 위해서 한 수저씩 쌀을 모아 두는 그릇으로 사용한 것이 채독이다. 지독이나 채독은 그 모양이나 사용 용도가 똑같은 뜻이다. 내 천자문(서너 살 때 할아버지 훈장님한테서 천자문을 베웠던 한문교과서)

책 표지를 베 헝겊으로 풀칠해서 인두로 다림질하고 모시풀 끈으로 묶어서 죄였기 때문에 떨어지지도 않고 찢어지지도 않고 백 년은 사용할 수 있다고 전해오고 있다.

한민족의 교포들이 한국의 민속자료를 구입해서 조상의 뿌리를 이어오고 있으며 핸드폰이 생기기 전에 사용했던 공중전화카드가 민속자료로 고가에 팔려 나간다고 우즈베키스탄 고려인의 후예들이 좋아한다고 한다. 대전외국인복지관에서 귀담아 들었던 얘기라고 한다.

어버이 참사랑

멀고 먼 옛날 조선시대에 있었던 효자 이야기를 하려고 한다. 두 아들을 둔 아버지가 놀기에 열중하는 아들을 향해 회초리를 들었다. 종아리를 걷고 목침 위에 올라서서 아버지의 회초리를 맞던 어린 아들이 엉엉 울자, 이 녀석이 제 잘못은 뉘우치지 않고 엄살을 부린다고 생각하여, 그 못난 마음을 고쳐주려고 있는 힘을 다하여 싸리 회초리를 내리쳤지만 숨만 헐떡일 뿐이었다.

힘에 겨워 헐떡이는 아버지를 내려다보며 어린 아들은 엄살이 아니라, 아버지의 내리치는 힘이 옛날과는 너무나 차이가 있었기에 더욱 통곡을 했던 것이다. 다른 아들은 아버지의 회초리를 계속 맞고 있다가는 늙으신 아버님 힘이 다 할까 두려워 줄행랑을 쳤다. 그러나 화가 치밀어 어쩔 줄을 모르는 아버지의 모습이 더욱 안타까워 도망치던 아들은 돌아와 아버지를 뉘면서 "아버지 한숨 주무시다 일어나 때려 주세요?" 하면서 이마에 흐른 땀을 씻어 드렸다는 이야기가 있다.

비록 나이 어린 꼬마지만 낳아 주시고 길러 주신 부모님의 은혜를 올곧게 알고 있다. 그러나 부모님의 가슴에 아픔을 주고 부모님의 분부를 모르는 오늘날의 세상 아들, 딸들이 본받아 실천해야 될 일이기에 이 자리에 소개한다. 부모님의 넓고 높은 은혜는 땅에 견줄 수 없고 하늘에도 비길 수 없는 것이다. 안아 주고 품어 주고 차가운 바람을 옷깃으로 막아 주시던 부모님이 벌써 이렇게 늙으셔서 종아리를 때리시는 팔에 힘이 없음을 서러워한 아들이나 매를 더 맞다가는 아버지의 힘이 다 빠질까 두려워 도망친 아들이 모두가 늙어가는 아버지를 걱정하고 슬퍼함은 더 말할 것이 없는 값진 효도라고 생각한다.

요즈음 엄마, 아빠에게 "이랬어? 저랬어?" "먹는다, 안 먹는다."라는 반말을 하면서 또 엄마, 아빠에게 욕설까지 하는 버릇없는 어린이들은 물론 부모님의 피와 땀을 다방이나 술집에서 마시는 형, 누나들은 당장 본 받아야 되겠다고 두 주먹을 불끈 쥐고 당돌하게 주장한다. 우리 어린이가 할 수 있는 나라사랑의 길은 오직 부모님의 은혜를 깊이 생각하는 마음에서부터 시작해야 되겠다.

홀로 계신 어머님이나, 홀로 계신 아버지를 모시고 있는 사람일수록 더욱 즐겁게 해 드려야 되겠다. 우리 어린이들은 용돈으로 군것질을 하기 전에 할아버지, 할머니께 붕어빵이나, 군밤이라도 몇 개 사들고 가는 버릇을 갖게 될 때 우리 사회는 더 밝고 효도가 넘치는 명랑한 사회가 될 것이다. 이것이 바로 예의지의 지름길이며 이것이 바로 사람이 할 수 있는 가장 근본적인 일이라고 온 세상 어린이 여러분께 자신 있게 주장한다.

※ 1977. 1 새교실 보너스 북 〈웅병구연동화〉 집필위원.

한국의 멋

어느 댁 며느리 혼수 예물 오색 두루마리 펼쳐보니 다음과 같았다.

족두리 둘(하나는 꾸민 족두리, 또 하나는 민족두리), 낭자, 첩지, 또야머리, 옥섭옥랑자비녀, 옥섭옥또야머리비녀, 은도금매죽잠또야머리비녀, 은꾸밈화잠 하나, 민화잠 하나, 진주잠또야머리비녀, 은도금오두잠또야머리비녀, 순금민머리비녀, 은낭자눈비녀, 민화쌍국잠화, 백금뒷꽂이, 순금뒷꽂이, 자만호청강석밀화삼색동자, 순금지환, 청수정지환, 순금진주반지, 순금반지, 송화백숙고사저고리차, 연두법단저고라차, 분홍순인사저고리차, 남숙고사치마차, 생수겹바지, 황색주, 한 필, 박생주 한 필 등등….

의복, 치의, 다홍모본단, 보료, 화류장, 농, 앵두색, 송초색, 쑥색, 연회색, 연분홍 품위 있는 색공이, 첩, 궁체, 붓글씨, 곱게 쪽진 검은머리, 비취비녀, 뒷꽂이, 청초한 여인의 얼굴 맵씨, 환한 엷은 웃음.

제2부

만리장성을 넘다

만리장성(萬里長城)을 넘다

— 중국문학기행

2000년 5월 3일 맑음.

충북 청주공항에서 아침 8시 10분에 중국 제남여객기에 몸을 실었다. 9시 45분에 중국제남공항에 도착하였다. 한국보다 시간 차이가 1시간 늦게 간다고 한다. 대전시에서 오신 여객들을 환영한다고 제남부시장의 프랑카드가 걸려 있었고 밴드 북 장단이 요란스럽게 울려 퍼졌다. 대북 1개, 중북 4개, 소북 15개, 심벌즈 10개로 구성된 환영음악회가 열린 셈이다. 중국 관광을 다녔지만 나는 처음부터 보고 들은 것을 모두 현대시조로 구성 창작하였고 관광코스를 살펴보면 다음과 같다.

청주공항, 중국 제남공항, 천불산 만불동, 천불산 홍국사(대웅보전), 천불산 와인불(臥人佛), 천불산 공원을 관광하였다. 만불동의 거대한 와상(臥像)부처와 인물상이 각각 다르고 복숭아밭을 조성했으며 손을 무릎에 올려놓았다. 용화병(龍花瓶)은 꽃을 꽂아 놓는 꽃병인데 일주문(一柱門) 옆에 놓여 있었고 모조품이 없다고 장담했지만 오늘날은 모조품이 나오고 있다. 중국의 산동성에 있는 관광 명소를 관람하였고 명, 청(明, 淸)시대의 유적과 유물을 보고 느낀 것들이 대부분이다. 명나라

태조(홍무 1세)는 원나라가 멸망하고 금릉에 도읍을 정하고 1368년에 건국했는데 청의 누루하치 나라를 후금(後金)이라고 칭했고 후금 국호를 청(淸 1616년)이라고 고쳤다. 청나라가 1912년까지 지탱하였는데, 손문(孫文 1866. 11. 12~1925. 3. 12) 임시 대통령이 취임하면서 중화민국으로 변경되어 청(淸)시대를 마감하였다.

2000년 5월 4일 맑음. 제남공항에서 북경공항으로 이동하였다. 자금성 천황문(紫金城天皇門)을 열고 명, 청(明, 淸)시대를 꿈꾸어 보았다. 삼층원형 만곡형 삿갓지붕 밑에서 청-서태후와 오천궁녀들, 다리 아래 비석이 북경성(北京城) 세 글자를 새겨두고 신(神)들이 화가 나 베이징을 물바다로 만들려 하다가도 세 글자가 잠기면 베이징이 물에 다 잠긴 줄 알고 신(神)들이 비를 멈추게 할 거라고 믿었던 사람들이다.

중국 북경에 있는 내성(內城)에 있는 명, 청의 궁성(宮城)은 1421년 성조가 세운 것을 후에 개축하였다. 양귀비(楊貴妃 719. 6. 26~756. 7. 15) 이름은 옥환(玉環), 태진(太眞), 본래는 여도사(女道士)였으나 자색이 뛰어나 754년에 궁녀로 뽑혔다. 현종의 총애를 받아 일족이 부귀영화를 누리다가 안녹산(安祿山 755~763)의 난에 죽임을 당하였다. 서태후(西太后)는 1835년 11월 29일 출생해서 1908년 11월 15일 천국으로 떠났는데 1861년 동치제가 다섯 살에 즉위하자 모후(母后)로서 동태후(東太后)와 같이 집정하였고 1874년 동치제가 사망하자 세 살 난 그의 조카 광서제(光緒帝)를 강제로 즉위시키고 재집정하였다. 1889년 정무에서 떠났다가 1898년 광서제가 신정을 수립하여 그는 보수파들과 공모하여 쿠데타를 일으켰으며 그 후에도 세 차례나 집정하였다. 청 서태후는 오천 궁녀를 두고 요사채 별궁마다 모두 한 번 보려면 오십이 년이 걸린다고 한다. 그렇다면 백제 의자왕은 삼천 궁녀를 두었는데 한 궁녀 씩 만난다면 몇 년이나 걸리겠는가? 궁금하다. 포돌천 백설루(趵突泉 白雪樓)를 거쳐 태산(泰山)에 올랐다.

해발 1,545m 앞산에 있는 케이블카는 2,000m인데 40명이 탑승하는 후석조 삭도이고 뒷산 케이블카는 6명이 탑승하고 1,400m 올라가는 도화원 삭도가 있었다. 조선시대 양사언(楊士彦 1517~1584)은 태산이 높다고 한탄했는데 나는 케이블카를 15분간 타고 올라 다녔다. 천불산 홍국사를 울고 넘는 구천구백구십 계단이 있으며 정자에 누정이 있었고 천등산 박달재를 울고 넘는 다클라마칸 사막, 황사바람 어디 가고 하늘 높이 솟았는가.

당나라 이태백(李太白 701~782)은 개구리 소리에 잠 못 들어 했다는데…. 태산 옥황정(泰山 玉皇顶)에 올라 보았고, 옥황려(玉皇礪)의 려(礪)는 춘추 전국시대 나라 이름이었다. 포돌천(趵突泉)의 한문글자 중에서 돌자 점이 없는 것은 넘친 물살에 떠내려갔기 때문에 점이 없다고 한다. 박예헌(博藝軒)은 중국산동성에서 서예, 그림용구, 기념품을 파는 가게 이름이다.

중국도 한민족이기 때문에 의식주 일상생활이 우리 민족과 다를 바 없었고, 경주 최부자집 철학에서 배우듯 해야 한다. 12개 만석꾼, 9대 진사, 만석 이상 재물은 못사는 사람에게 베풀고 주변에 굶는 사람을 없게 하여 벼슬은 진사 이상 하지 않고, 부자와 벼슬과 권력 때문에 척 짓지 말고 살아라, 옛날 어머니들은 시집 간 딸이 사위에게 얻어맞고 친정으로 쫓겨 오면 누구의 잘잘못 이전에 예전에 저지른 자신의 어떤 그릇된 소행이 인과(因果)가 되어 응보(應報)로 나타난 소행으로 생각했다.

손자가 벌에 쐬어 울고 들어와도 걸승을 박대해서 사주팔자보다 장수하여 점쟁이에게 물었다. 선친께서 섣달 그믐날 갚지 않은 빚 문서를 꺼내어 태워 버린데 대한 응보라고 해석, 조상까지 소급되는 지난날의 인과로 감수하고 웬만한 고통이라도 감내하여 그 업(業)을 풀었다. 초등학교 자모회 교실 커튼 만들 때 자투리 남은 것을 딸의 짧은 치마 만들어 입힌 것이 가책되어 업풀이로 푼돈 모은 것인데 자투리 값 갚아 달라 남편이 낸 산불 보상금을 22년 동안 갚은 용우란(龍宇蘭) 할머니, 홍천(洪川) 칼국수집 할머니의 변상이 준법정신보다 인과의 업, 풀이로 부러운 조상의 지혜라고 보아야한다. 이처럼 중국에서도 수많은 배울 점이 많지만 15년이 지난 오늘날에 정리해보니 놓친 것도 많고 누락된 것이 많아 후유증을 통절하게 느끼며 어설프게 써 내려 갔다.

2001년 가람문학에서 발표된 것도 있지만 태산에 올라 보았고, 포돌천(趵突泉) 공원, 이청조(李清照 1084~1156) 기념당을 지나 만불동(萬佛洞), 흥국사(興國寺), 불향각(佛香閣), 곤명호(昆明湖), 명십삼릉(明十三陵), 정릉지하궁전, 만리장성(萬里長城)을 관광하였다.

[참고] 지하궁전

이 세상에서 영원히 꺼지지 않도록 불을 밝혀 놓은 무덤이 두 개소가 있다. 미국 알링턴 묘지에 있는 케네디(1917~1963) 대통령 무덤과 중국 시안 근교에 있는 진시황(기원전 259~기원전 210)의 무덤이 그것이다. 기록을 보면 그 지하 아궁방은 지상 아궁방을 축소해 놓은 곳으로 수은으로 강물을 만들어 흘려 놓았고 금은보화(金銀寶華)로 나무와 꽃과 새와 고기들을 조각해 놓았다.

그렇게 호화로운 궁전이지만 영면하는 참상은 어느 서민의 참상과 다름없이 세로 6척(자), 가로 3척(자)에 불과하다. 그래서 부(富)와 권력을 좇아 허덕이는 사람에게 진시황도 단칸 자리에서 영면한다고 충고했다. 그 머리말에 인어유(人魚油)로 영원히 꺼지지 않는 불을 켜 놓았다. 인어유가 어떻게 만든 기름인지 몰라도 꺼져있을지 만무하지만 독재 황제의 불사(不死)의지에 섬뜩해진다. 전란(戰亂)을 예상하여 그 지하궁전과 위수(渭水) 밑을 뚫어 남산까지 이르는 12km 땅굴을 파 놓았는데 발견되지 않은 45km의 비밀터널이 따로 있으니 모두가 도피용이다.

고대의 지하궁전이 아방궁이라면 현대의 그것은 14년 전에 처형당한 루마니아의 독재자 차우세스쿠(1918~1989)의 부쿠레슈티 지하궁전일 것이다. 자신의 침실에서 곧바로 450m 지하 핵전쟁 대비 궁전과 엘레베이터로 연결 시켜 놓았다. 그 궁전에는 포크, 나이프, 접시 심지어 저울까지 순금제였다. 못다 판 강 밑을 통과시킨 땅굴도 발견되었는데 도피용이었다. 4년 동안 1만 5000명이 이 노동력을 강제 동원돼 이룩했다는 지하궁전인데 국민에게는 40W 전구를 쓰지 못하게 절검을 강요하고 지어 놓은 것이다.

바그다드 후세인 지하궁전이 미군에 의해 점령되어 호화 샹들리에 순금 수도꼭지 등 아라비안나이트에 나오는 궁전을 방불케 한다. 높이 5m의 방호벽으로 둘러 평상시에도 접근이나 촬영이 금지 되었으며 손가락질만 해도 잡아 들였던 후세인 궁전이 바그다드에 만 10여개소가 있고 후세인의 고향 티크리트를 비롯 전국에 약 80여개나 산재해 있었다. 그 대부분이 지하궁전을 조성했으니 역사상 가장 장대한 지하궁전이 아닐까 싶다. 여기에서 또 하나 역사적으로 확실한 지하궁전을 호화롭게 만든 독재자나 정권일수록 멸망했다는 사실이다.

중국몽(中國夢) 중국 허베이성, 베이타이허에 세워진 중국의 꿈(기념비). 시진핑. 국가주석의 정치구호(중국의 꿈)을 새겨넣은 기념비. 높이 21m. 순동(純銅) 제작. 왕뎬밍(王殿明) 약 7억원.

2000년 5월 5일 맑음.

곤명호 지춘정(昆明湖, 知春亭)을 찾아갔다. 건융황제가 인공호수, 인공산을 만들던 날, 죄 없는 수많은 백성들의 붉은 목숨 앗아갈 때 서태후는 사랑이 무엇이냐고 여쭈었다. 황제는 무엇이라고 대답했을까? 눈물의 씨앗이라고 대답했을 것이다. 수천만의 영혼을 위로하기 위해서 만수산 끝자락에 불향각을 짓고 마음 진정 찾았으려니…. 황촛불 펄럭거려 춤추는 동짓달 긴긴 밤을….

백제성(百濟城)-양자강을 가로 막는 삼협서쪽 입구 중국의 서반(西半) 산간부를 지키는 요새 500m인 강폭이 150m로 좁아지며 양자강이 급류와 역류를 거듭한다.

백제성을 시성(詩城)이라고도 부르는데 이백(李白 701~762), 두보(杜甫 712~770), 서각(西閣)이 남아있고 유우석(劉禹錫 772~842), 백거이(白居易 772~846) 소식(蘇軾 1037~1101), 황정견(黃庭堅 1045 1105), 육유(陸游 1125~1210) 등 중국 명 시인들의 연고시-명승지다.

중국 삼대전쟁인 이릉(夷陵)의 싸움에서 유비(劉備 161~223)가 아들

유선(劉禪 207~271)을 제갈량과 함께 불러놓고 내 아들을 보좌하기에 만족하면 보좌하고 그렇지 못하면 그대가 왕좌를 계승하시오. 혈육보다 민초편에서 인재를 존중하여 민주주의를 군주주의에 수혈해서 유비가 존경을 받았다.

그래서 정신적 위상으로 높이 떠 있는 백제성이 댐 건설로 폭파당하니 유적 뿐 아니라 정신 파괴가 먼저 가슴에 와 닿는다.

2000년 5월 6일 맑음.

산동성 곡부시에 있는 공자(孔子 기원전 551~기원전 479)를 만나러 갔다. 중국 산동성 곡부시에는 공자 후손이 살고 있는 마을이 공부(孔俯)인데, 오늘날 현재 공자의 77대, 78대 후손들이 곡부시 공부 마을에서 살고 있었다.

우리나라 옛날 향교가 있는 마을에서 유학자들이 봄철 음력 5월 25일과 음력 9월 25일 두 차례 향교에 모여서 제향을 모시는 풍습이 남아있고 맹자(孟子 B.C 327~289)는 맹모(孟母) 삼천지교(三遷之敎)로 유명한데 공자처럼 존경하는 일은 찾아 볼 수 없었다.

공자의 비석은 삼단으로 층층으로 쌓아 상하로 위에 공자를 모셨고 관광객이 바라보는 위치를 높게 쌓아 올렸고 맹자 어머니 묘소는 한가운데 소나무 한 그루가 우뚝 솟아 있었다. 확실하고 명확한 근거가 있는지 의심스러운 점이 많았다.

2000년 5월 7일 맑음.

아침부터 서둘러 황하강(黃河江)을 찾아 갔고 오후에 한국에 돌아오려고 제남 공항으로 왔고 박예헌(博藝軒)에서 여러 가지 기념품을 구입하였다.

중국 황하는 양쯔강 아래로 황해로 흘러가는 강인데 소나기가 지나간 흙탕물과 다름없었다. 중국샨샤(삼협, 三峽)댐, 길이 662km, 호수높이 181m, 총 저수량 393억 m3, 1994년 창곡연간발전량 847kw, 세계최대규모삼협댐(2002년 준공) 13개도시, 1,500여개 마을 수몰, 이주대상주민-113만명(2008년-대지진으로 이 댐관련설이 있음)

삼협댐유역문화재-1. 장비묘(張飛廟) 송(宋) 나라 때 건립 장비 사당 32km 서쪽으로 이전, 2. 백제성(百濟城) 유비가 죽으면서 제갈량에게 후사를 부탁한 곳, 3. 백학양(白鶴梁)-문인들시문 3만자가 새겨진 바위 수중박물관 조성, 4. 석보한(石保寒)명나라 때 건축한 12층 목조건물 주위 제방 신축함.

북한, 금강산을 찾아서

2001년 3월 18일 맑음.

초등학교 음악시간에 〈금강산 찾아가자〉 노래를 아이들에게 가르쳐 준 일이 생각난다. 〈금강산 찾아가자 일만이천 봉, 볼수록 아름답고 신기하구나, 철 따라 고운 옷 갈아 입는 산 볼수록 아름다워 금강이라네 금강이라네〉 〈금수강산(錦繡江山)〉이라고 불러 왔던 우리 조상들의 입에 오르내린 말이 정답인 것 같다. 금강산 문학기행을 갔다 오게 된 동기는 주식회사 지오비(G.O.B) 대표이사 정원섭이 주최하는 금강산 피플라인 제3기 교육을 받으려고 참가했었다. 서영자 선생, 남편 그리고 생활체육회 회원들이 많았었다.

2001년 3월 18일, 19일, 20일 3일 동안은 강원도 통천군 온정리에 있는 체육관에서 강의를 받았다. 현대건설에서 남북이산가족들 만나는 장소로 건물을 지어놓고 선물센터도 만들어 놓았다. 금강산을 관람한 것은 2001년 3월 21일 단 하루뿐이었다. 일행들이 동해안 삼일포로 가는 편과 금강산 천일문 쪽으로 관람하는 두 편이 있었는데 우리 일행들은 금강산 천일문 쪽으로 관람하게 되었다.

제일 박장대소(拍掌大笑)가 터진 것은 양력 3월 달인데 비바람에 휘몰아쳐서 층층 계단을 올라가다 눈더미 속에 왼쪽 다리가 푹 빠져버렸다. 내 배꼽까지 차올랐다. 우리 아버지도 열일곱살에 결혼하여 일년도 함께 살지 못하고 분가를 해 놓아서 홍역하다 기침병으로 고생하던 중 강원도 금강산 약수를 잡수시러 삼년동안 고생하시면서 다녀오셨다는 이야기를 많이 들었다.

십오년이 지난 오늘날 현재까지 보글거리는 농약중독 후유증으로 모두 담지 못하고 내가 경험하고 보고 듣고 한 일을 몇 가지만 담아 왔을 뿐이다. 귀면암, 만물상, 천해관, 천일문, 천선대, 상팔암, 망장천, 만상정, 실안개, 하늘다람쥐, 온정리온천 이것만 답사했을 뿐 하루 동안 금강산을 관광하기란 불가능한 일이다. 그래서 몇 달러를 주었는지 기억이 흐리지만, 한국 화폐로 오천 원 주고 관광 책자를 구입한 것 같다.

금강산의 곳곳 절벽마다 빨강색 페인트로 김일성(金日成 1912~1994)을 찬양한 구호가 눈에 띄게 많았다. 그 후에 김정일(金正日 1942~2011)을 찬양한 구호가 나타났다. 금강산은 돌(바위)이 만 가지 재주를 부리고 물이 천 가지 재롱을 피우고 천하명승이 금강산에 모두 모였다고 한다. 그리하여 조선시대부터 오늘날까지 수많은 시인과 화가, 음악가들이 금강산을 찬양하고 그림을 그리고 시를 짓고 악보를 만들어 노래를 불렀으며 현대건설의 정주영(鄭周永 1915~2001)이 태어난 곳으로 강원도 통천군에 있다.

금강산 비로봉이 1,639m이고 외금강, 내금강, 해금강으로 나누어 있으며 외금강이 열한 개의 명승지로 산세가 웅장하고 씩씩한 남성적 기상이고 내금강은 여덟 개의 명승지로 온유 수려하고 우아한 여성적 기상이다. 또 해금강은 삼일포, 총석정, 영랑호가 있다. 금강산의 일만이 천 봉을 톱날 도끼로 다듬은 조각품처럼 기기묘묘(奇奇妙妙)한 봉우리, 후수, 폭포, 해안 경치가 화폭을 꾸미고 있었다. 중국 진시황제(秦始皇帝)가 금강산에 가서 불로초(不老草) 불사약(不死藥)을 구해 오라고 분부를 내리지 않았던가?

세계적으로 유명한 동식물 학자들이 모여들고 880여종의 꽃과 나무들이 풍부하여 봄에는 아름다운 꽃나무가 핀다고 금강산(金剛山)이라 부르고 여름에는 폭포가 춤을 추고 신선이나, 선녀가 살고 있다고 봉래산(蓬萊山), 가을에는 아름다운 비단, 단풍으로 유명한 풍악산(楓嶽山)이 되고 겨울에는 봉우리마다 흰눈이 쌓여 설봉산(雪峰山) 또는 개골산(皆骨山)으로 탈바꿈하고 있다.

※ 금강산-천하절승-평양출판사 1998

※ 유네스코세계자연유산 등재 2010

일본, 후쿠오카를 찾아서

2002년 6월 4일 맑음.

부산국제터미널에서 일본 선적 카멜리아(camellia)호 15,439t(166m ×24m 18노트) 563명 정원인 여객선에 몸을 실었다. 부산국제터미널에서 일본 후쿠오카(복강-福岡) 화, 목, 일 오후 18시에 출항해서 다음날 아침 8시 30분에 도착하고 일본 후쿠오카(복강-福岡)에서 한국 부산까지 월, 수, 금 18시에 출항해서 다음날 8시 30분에 도착한다. 여행 가방 달랑 한 개 짊어지고 밤 6시에 출항하여 다음날 아침 8시에 일본 후쿠오카 항구에 도착하였다. 때마침 월드컵 축구대회가 열리고 있었고, 일본 아소산 활화산을 찾아가는 여행객을 만나 동행하게 되었다.

기묘하게도 한국 부산시의 시화(市花)가 동백꽃인데 일본 후쿠오카시의 시화(市花)도 동백꽃으로 정해서 똑같은 의미를 가지고 있었다. 제일 처음 찾아 간 곳은 타카사키(고기산-高崎山) 국립공원 원숭이 천국인지 방목하고 있었다. 국립공원 안에는 임제종(臨濟宗) 만수사(萬壽寺)가 있고 원숭이 조각석상을 볼 수 있었다. 관음사(觀音寺) 절에는 나무나, 돌, 청동으로 만든 불상이 아니라 밀랍으로 만들었고 일본 고전 지역 광역시 정촌권 별부시(町村圈 別府市)에는 용천폭포를 만날 수가 있었다.

후쿠오카 해수욕장은 부산해운대 해수욕장과 다를 바 없었고 해지옥 산지옥은 옛날 화산이 폭발했던 자리에 대귀연(大鬼蓮)을 키우고 있었고 소화천왕(昭和天皇) 어대임기념목비(御戴傿記念木碑)를 세워 온천물의 성분, 색깔, 수질 등 11가지를 구분하고 그 중 열 개가 붓배시에 있고 한 개는 북해도에 있다고 한다. 10개의 화분을 놓고 시험재배를 하고 있었다.

일본 오이타(대분-大分)고속도로 휴게소에서 잠깐 동안 쉬었는데 감나무 단지로 유명하고 향나무 정원수를 많이 가꾸고 있었다. 일본 아소산 활화산(阿蘇山活火山) 국립공원을 관람했는데 아소산케이블카 5인승 5천원 주고 10분 탑승했는데 화산이 귀 모양 182m, 바닥 쪽은 32m 아소신사(阿蘇神社)에서 민박도 할 수 있고 점심을 먹었다.

아소산화산방재회의협의회(阿蘇山火山防災會議協議會)에서 주관하는 아소산예원잡기극장(阿蘇山藝猿雜技劇場)에서 50분간 3천원 주고 원숭이들을 훈련시켜 관광객들의 웃음이 터져 나오게 예술적 극장으로 꾸민 사설극장을 관람하였다. 일본 아소산 활화산이 2014년 11월 27일 재 폭발했다고 신문보도를 본 바 있다.

2002년 6월 5일 맑음.

산지옥(山地獄)에서는 굴뚝처럼 시멘트로 굴뚝을 세워 기둥 속에서 수증기를 내뿜고 있었으며 논에서는 모심기를 하고 있었다. 그 옆에 벼를 심은 논에서는 낮게 세운 시멘트 기둥에서 우리 집 오뚝이 전기밥솥처럼 푸푸 하고 김을 내뿜고 있었다.

기다란 고기 채는 망을 사용해서 망 속에 생계란을 넣고 5분 동안 기다리면 온천수로 삶은 계란을 한 개에 한국 화폐로 600원 주고 사 먹었다. 한국에서 온천수가 아닌 수돗물로 삶은 계란과 차이점을 찾지 못했고 온천수나 수돗물이나 삶은 계란은 똑같다고 생각했다.

웅본성 천수각(熊本城 天守閣)은 일본 특별사적으로 곡촌토개상(谷村討介像)-평성(平成) 10주년, 성주(城主)나 성왕(城王)인 듯 청정공웅본성(淸正公熊本城) 7층부터 수직으로 쌓아 올렸고 명치(明治) 10년 유물 136계단, 155성곽과 경계에 있다.

일제 강점기 때 일본인들이 우리 문화재를 약탈해 가면서 일본나라의 국보로 지정하여 자기나라 민족의 긍지를 자랑해야 정당한지 궁금한 생각이 꼬리가 꼬리를 물고 이어졌으며 색다른 유적만 보아도 저 것은 백제 왕인(王仁 ?~?) 박사가 전해준 것으로 생각되어 아무리 소중한 일본문화재라도 가짜라는 생각이 내 머릿속을 파고들었다.

특히 계룡산 박정자(朴亭子) 부근 조선시대 정유재란 때 끌려간 조선백자 기술이 이삼평(李參平 ?~1665)의 분청사기 도예기술 없이는 꿈도 꾸지 못했다고 생각되었다. 오늘날 현재도 재일교포 후손들이 박정자(朴亭子)에 기념비를 세우고 고향처럼 찾아오고 있다.

2002년 6월 6일 맑음.

후쿠오카 대호공원(大豪公園)을 찾아갔다. 바닷물을 정화시설로 정화하여 사용하는 시립공원 호수인데 산책길에서 송월교(松月橋)는 소화(昭和) 2년 만에 만들어 졌고 농월교(朧月橋), 다촌교(茶村橋)는 평성(平成)원년에 축조되었다.

새벽 3시 50분에 목욕탕에 혼자 갔다. 아무도 없었다. 창밖의 공기는 새 봄 공기인데 여름 실감이 나지 않는다. 한국 김치가 무척 먹고 싶었다. 새벽에 눈을 뜨면 참새가 재잘거리는데 참새 노래 소리를 들을 수가 없었다. 온천수 수증기로 뒤덮였는데 참새가 어찌 놀러 오겠어?

후쿠오카 100주년 기념관인 가스박물관을 관람했다. 불빛 전쟁의 상야등(常夜燈)구명 이미지였고 매기병(梅技餠) 조성관(照星館)에서 점심을 먹었다. 원도진공(原道眞公) 천백년대제(千百年大祭) 평성(平成) 십사년 봉축한다고 플래카드를 걸어 놓았다. 지하사(志賀社)-중요문화재, 후쿠오카 신사당(神社堂)-전범야쿠신-국립묘지격. 수원화장실은 세계적으로 공인받을 정도로 깨끗한 납골당이며 경제 효과 4조원을 몰아 왔다고 한다. 관세음사는 1903년에 창건했는데 달구지와 어머니의 재앙이 겹쳐 사법고시나, 회사 입사하려는 일본인들이 소원 성취로 비는 곳이다. 주변에 매실나무 6천 그루가 있고 1100년을 지내 왔다 한다.

일본 문학 기행을 다녀오면서 생각해 본 일은 일제 강점기 때 강제로 빼앗긴 귀중한 문화유산을 되찾아야 되겠다는 생각을 했고 한일관계의 정상화가 이룩되지 않고 있는 원인도 위안부 문제의 떳떳한 사과가 뒤따라야 된다는 조건이고 그 값진 보물들의 문화재 유산들이 제일 아쉽고 소중하고 통절한 분통이 일기도 했었다. 일본 땅 흙으로는 화산폭발이 많아 도예공업이 이루어지지 않고 한국 땅 흙으로 도예를 구워야 성공한다고 한다.

그래서 정유재란 때 이삼평(李參平 ?~1665) 도공이 강제로 끌려간 이유도 바로 여기에 있다고 전해진다. 그런데 제주도에서는 흑도예를 개발한 사례도 있다고 전해진다. 일본으로 끌려간 후예들이 계룡산 입구 박정자(朴亭子) 부근에 이삼평의 시비를 세운 것도 찾아 볼 수 있고 도예 공들의 후손들이 일본 아리따현에서 살고 있다고 전해진다. 북해도나 동부지역에는 관광해 본 일이 없어서 캄캄한 밤하늘의 사하라사막을 헤쳐 나가는 심정으로 살아가고 있으며 온천수가 풍부하여 이용, 미용업이 발달하고 관광업 숙박업도 부수적으로 발달되었다고 생각하였다.

수증기를 내 뿜는 논에서 모심기를 했고 뜨거운 온천수로 날계란을 삶아 먹고 중국의 한문글자를 일본 나라의 국어로 사용하고 한국의 물질문명이 모두 전수되어 한국 민족을 닮아가고 있고 오늘날 지금도 화산폭발이 언제 터질지 모르는 순간에서 생활하는 일본인들의 마음 편한 세상살이가 한편으로 부럽기도 하고 일본 음식이 싱거워서 한국 김치가 생각나 하루 살기가 어려웠고 깨끗한 의식주 생활이 보기 좋았다.

〈대한 해협(大韓 海峽)〉

부산시와 후쿠오카
카멜리아 여객선 타고

대마도 마주보며
안개 숲속 헤쳐가다

저 멀리 태평양 너머
하와이도 보일까?

부산시도 동백꽃 시화
후쿠오카도 동백꽃

두 도시 모두 동백꽃을
시화로 사랑했나.

안개가 숲 천지처럼
온 세상을 뒤덮었네.

캐나다, 신천지를 찾아서

2005년 5월 30일 맑음.

인천공항에서 개나다 벤쿠비 공항으로 가는 여객기에 몸을 실었다. 사모님과 함께 동행을 하였고, 모두 대전지역에 살고 있는 제9회 군산사범학교 동창 회원들이었다.

벤쿠버 공항에는 단풍잎 모양의 캐나다 국기가 펄럭이고 있었다. 태평양 쪽을 향해 퀸엘리자베스 공원으로 올라갔다. 이름 모를 하얀 꽃들이 우리 일행을 반겨 주는 듯했고 구름나무다리 오작교로 태평양 바람이 불어 왔다.

이 공원에도 노란 민들레 꽃은 피었다. 갈매기 떼들이 너울거렸고 화물선 10만톤급 인벤티호를 구경하였고 태평양으로 출항하고 있었다. 가피날로시스펜션 브릿지 흔들다리 공원에는 늘푸른 침엽수 동나무 숲속으로 188~1971년 사이 공원을 조성할 때 수요인물 기부자들을 기록해 두었고 벤쿠버 저녁노을은 한국 시간 12시 35분에 붉게 타오른 황홀한 저녁노을을 볼 수 있었다.

콜롬비아호 여객선을 타고 벤쿠버 해안에 있는 섬을 찾아 갔는데 밀물과 썰물의 차이점을 한국 황해 바다처럼 볼 수 있었다. 한국의 다도해처럼 보였다. 빅토리아 부둣가에는 갈매기, 까마귀, 참새떼가 날아가지 않고 먹이를 달라는 듯 재잘거렸고 수상비행기, 작은 통통배가 즐비하게 늘어서 있었다.

캐나다 땅끝 마을 B.C주 의사당에도 단풍잎이 들어 있는 캐나다 국기가 펄럭이고 있었다. B.C주 의사당에는 국기와 12주 국기, 영국, 일본, 미국 국기도 보였다. 영국 빅토리아 여왕 때 참전용사 동상이 지켜서 있었다. 태평양의 썰물 바다가 우리나라의 황해 바다처럼 해안선 멀리까지 썰물이 있었지만 갯벌이 없는지 바다 게, 조개나, 소라, 고동을 잡는 어촌인들은 하나도 구경하지 못했고 바다 멀리 화물선만 왔다 갔다 하는 바다 그림을 실제로 구경했을 뿐이다. 우리나라처럼 바닷가 해안선이 없었고 해수욕장 같은 모래사장도 볼 수 없었다.

2005년 5월 31일 맑음.

부차드 가든에는 달팽이 분수대가 우리를 반겨 주었고 칠갑상어의 묘기도 보여 주었다.

5만 그루의 진달래, 철쭉을 비롯하여 일본정원, 이태리정원으로 나뉘어 놓았고 베고니아, 다알리아, 선인장, 꽃들이 로스분수 야경 조명으로 토요일 밤에는 신비와 열광의 불꽃놀이가 있다고 하며 익살스런 뮤지컬 공연장으로 둔갑한다고 한다. 장엄한 꽃 정원은 캐나다 빅토리아 주에 있고 1904년 설립하여 부차드 가든 꽃 정원으로 유명한 곳이다.

2005년 6월 1일 맑음.

캐나다 밴프공원 보우폭포를 만나러 갔다.

전나무, 소나무들의 침엽수가 천국을 만들었는지 울창한 숲속을 이루고 있었다. 바위 틈에서 흘러내리는 유황온천물이 국립공원에 모여드는 관광객들의 휴식, 안전 처로 쪼들린 마음 한구석을 닦아주고 있었다.

우리 일행들도 온천물로 피로를 풀었다. 보우폭포, 미네완카 호수, 부차드 가든 같은 깊은 산골짜기 곳곳마다 산과 산이 이마를 마주대고 모두 하얀 눈꽃으로 안개 업은 착한 산들이 즐비하게 늘어서 자연 속에 파묻힌 눈꽃 경치가 많았다.

2005년 6월 2일 맑음.

캐나다 갤러리 공항으로 이동하였다. 이곳은 드넓은 목초지대로 목장, 소, 말 등 목축업이 발달하였고 우유공장이 보이며 캐나다 동계올림픽대회에 참가한 장거리 스케이트 이승훈 선수의 활약상을 볼 수 있는 대형 사진들이 전시되어 있었다.

캐나다 밴프 빅토리아 빙원을 찾아갔다. 대형 콤바인 트랙터가 관광객을 실어 나르고 설상차 바퀴 하나가 내 키보다 더 높아 훨씬 더 컸다. 설상차들이 대 빙원을 휩쓸고 다녔고 빙원이 녹아 흐르는 맑은 물을 손바닥으로 떠 마시기도 했다.

끝없는 툰드라 만년설이 쌓인 곳은 한 폭의 그림이었다.

2005년 6월 3일 맑음.

캐나다 갤러리 공항에서 캐나다 토론토 공항으로 이동하였다.

봄비가 내렸다 그쳤다 날씨의 변덕이 극심하였고 참새 지저귀는 소리도 가을 하늘처럼 깨끗하게 생각되었고 봄에 피는 민들레가 아니라 일 년을 두고 피는지 봄, 여름, 가을, 겨울 할 것 없이 언제나 민들레 꽃은 피고 있었다.

모두 중국이 원산지인 노란 민들레만 피었고 백의 민족을 자랑했던 깨끗한 하얀 조선민들레 꽃은 구경 할 수가 없었다. 우리나라에도 한방 치료약으로 널리 알려져 집단 재배하는 곳을 제외하고 조선 민들레 하얀 꽃을 구경하기 어렵다.

토론토시청 분수대, 씨앤투어, 건축건물이 토론토시에 우뚝 솟아 오대호를 한눈에 볼 수 있는 명물로 자리매김하였고 동양화, 서양화가 한 폭으로 다듬어진 활기찬 희망 꿈이 열리는 곳으로 생각 되었다.

2005년 6월 4일 맑음.

세계적으로 유명한 나이아가라 폭포를 찾아 갔다. 나이아가라 폭포가 미국과 캐나다의 경계선에 놓여 있어서 구분하기가 어려웠지만, 관광객들의 마음은 항상 손뼉 치는 즐거운 마음으로 관광하고 먹고 잠자고 웃고 즐거움을 느끼며 여행 관광을 즐겼다.

나이아가라 폭포의 밤 경치, 미국 폭포의 물새들, 안개 속의 숙녀호를 타고 다니며 물굽이 치는 소용돌이를 보았고, 꼬리 치는 고기 떼를 보았고, 뛰어 오르는 고기 떼를 낚아채는 물새 떼를 보았고 무지개다리 넘는 비바람, 하얀 파도를 보았다. 배고픔보다 눈요기가 더 좋았다. 캐나다 나이아가라시 옥스호텔 11층 창가에 앉아 오리온 호수 바다 썰물이 낭떠러지로 쏟아지는 소리는 귀가 먹먹하게 들렸고 봄 안개 피어 올라 이슬비도 내리는 조물주의 창조도 보았다.

캐나다 나이아가라시에 있는 포도밭은 오뉴월 싱그러운 미루나무 숲처럼 보기 좋았고 끝없는 지주(支柱)가 줄 서있어서 청포도가 긴 겨울 동안 얼었다 녹았다 하는 과정을 거쳐 봄철되면 수확하는 아이스와인을 시음하지는 못했다.

나이아가라 폭포를 숙녀호 배를 타고 구경했지만 엘레베이터를 타고 3층까지 내려가서 낭떠러지로 쏟아지는 폭포 물소리가 귀에 먹먹하다. 물새가 많이 모이는 이유가 생존경쟁을 지탱해 나가는 자연법칙을 일상 생활로 유지해야 하기 때문이다. 세계적으로 유명한 유네스코 세계자연유산으로 지정되었을 것이고 폭포의 천국을 보았고 럭키산맥의 하얀 눈이 푸른 숲속에 어디든지 볼 수 있는 풍경이었다.

관광객의 안내자로 어느 모래장에서는 불고기를 구워먹는 장소가 따로 있어서 우리나라처럼 불조심을 강조하고 있었다. 호수가의 작은 배를 타고 그물질을 하는 낚시꾼들의 낚시질이 눈에 띄었고 산, 호수, 침엽수, 빙원, 노란민들레가 캐나다를 상징하고 있었다.

〈호텔 11층 창가에서〉

오리온 바다 썰물이
낭떠러지로 쏟아지네

보얀 안개 피어 오르네

봄 이슬비도 내리네

아! 폭포 안개 속의 폭포여!
조물주의 창조여!

※ 캐나다 나이아가라(Canada Niagara) 시(市) 옥스 호텔(Oakes) 11층

2005년 6월 5일 맑음.

캐나다 토론토 공항에서 미국 워싱톤 공항으로 이동하였다. 제일 처음 찾아간 곳은 워싱톤에 있는 스미스소시언박물관이었다. 동물들의 뼈들이 행진하고 있었다. 우리나라의 계룡산자연사박물관에도 똑같은 고생대 동물들이 많았다.

내 생각은 스미스소시언 박물관의 진열품을 보고 그대로 옮겨 재연해 놓은 듯 했다. 워싱톤박물관을 찾아 갔다. 50개주 미국국기는 펄럭이고 무더운 여름 날씨에 멀리 포호막스호수가 잔잔한 후숫가에서 오리 떼만 놀고 있었다.

아브라함 링컨 기념관을 갔다. 노예해방, 남북전쟁, 미국 대통령 중에 유일하게 의자에 정중하게 앉아 있었고 미국 국민들의 사랑과 존경을 받는 인물로 추앙받고 있다.

토마스제퍼슨기념관으로 옮겼다. 대리석 하얀 돌기둥이 동서남북 36개 주(州)를 상징 의미하고 있고 멀리 국회의사당을 바라보고 있어서 위대한 미국이 번창하라고 믿고 있었다.

필라델피아 시청 앞 거리에는 참나무처럼 늘 푸른 나무들이 줄 서 있

었고 양쪽 길거리 가로등마다 세계 각국 국기들이 펄럭이고 있었고 대한민국 태극기도 펄럭이고 있었다. 미국독립기념관에는 자유의 종이 있었는데 시골 어느 교회에서 본 듯한 깨져버린 볼품없는 종(鍾)이 걸려 있었다.

36개 주(州) 대표들이 독립선언서에 서명하고 그 기쁨을 종으로 쳤고 자유, 평화, 민족 번영의 복된 나라가 되어 달라고 두 손 모아 기도를 했다.

2005년 6월 6일 맑음.

미국 워싱톤에서 미국 뉴욕을 찾아 갔다. 유엔본부, 엠파이어 스테이트 빌딩을 찾아 갔다. 세계에서 제일 높은 빌딩을 관람하였다. 80층까지만 운영되었고 무사고 부담을 줄이기 위해서 그 이상의 빌딩 운영을 중단하고 있었다.

2005년 6월 7일 맑음.

미국 뉴욕에서 여객선을 타고 대서양 허드슨강의 물결을 헤치고 높다란 검은 바위섬에 있는 자유의 여신상을 찾아 갔다. 하얀 파도가 굽이쳤고 갈매기도 너울거렸고 횃불을 들고 있는 여신상이 얼마나 팔이 아플까도 생각해 보았다. 뉴욕 주의 높은 건물들이 하늘 높은 줄만 알고 땅 넓은 줄은 모르는지 빌딩 숲을 이루고 있다.

2005년 6월 8일 맑음.

뉴욕에서 허드슨 강을 가로 지르는 다리를 건너갔다. 15년이 지난 오늘날 내 머리 속에 남은 기억이 모두 사라지고 없어서 저승을 갔다 온 내 머리 속으로 생각한 것만 옮겨 썼다. 일부변경선 때문에 하루가 늦게 가고 빨리 오는 기준선이 있어서 내 머리가 혼동되고 있었다. 또 다시 뉴욕에서 워싱톤으로 되돌아 왔다.

2005년 6월 9일 맑음

미국 워싱톤공항에서 우리나라 인천공항으로 오는 여객기에 몸을 실었다. 17세기 이전의 문화문명은 하나도 없고 18세기 이후의 물결만 보였다. 사모님들과 함께 동행 했기 때문에 민첩한 단체 생활이 어려웠고 협동심이 좋아서 스스로 알아서 행동하는 습관이 몸에 배어 이탈자가 없음을 다행으로 생각했다. 무엇보다 아무 탈 없이 무사히 귀국한 일이 제일 마음이 가볍고 시원스러웠다.

눈으로 본 것은 많은데 생각이 좁아서 머릿속에 모두 담지 못하고 그 중에서도 중요한 몇가지만 담았을 뿐이다. 좀 더 깊게 더 많이 더 넓게 펼쳐야 되겠다고 생각은 앞서 있지만 제대로 마음이 움직여 지지 않고 그냥 머물러 있는 상태라서 오죽잖게 꾸며진 것 같다고 생각되었으나 15년이 지난 오늘날 생각을 되살리기에는 너무 힘든 과정들이 많았음을 솔직하게 고백하며 끝을 맺고자 한다.

제3부

배흘림 햇살기둥

장기(將棋) 수법(手法)

우리나라 남성들이 보편적으로 즐기는 오락으로 약 4천 년 전에 인도에서 중국을 거쳐 전래되었다는 설(說)이 있으며 조카와 차(車), 포(包) 떼고 한 수를 둔다. 장기 한판의 수 싸움이 집중력이 뛰어나야 한다. 협동방식, 규범철학, 처세철학, 군사사상이 내포된 우리 민족의 잠재의식과 문화 심리가 침투된 일수불퇴(一手不退)의 원칙으로 언쟁이 높아지고 친목의 정다운 사랑방이 아니라 난장판으로 변질되는 때도 있다.

충효정신을 기르고 협동심, 책임감이 강해진다. 중국 송(宋)나라 때 부장록을 보면 장기판을 목야호(木野狐)라고 했는데 여우처럼 사람을 홀려 생업마저 버려두고 몰두하게 된다는 뜻이다.

장기판은 9×10줄로 되어 있어 매년 9월 10일을 장기의 날로 정하고 있다. 한국장기협회가 있고 행사를 주관하여 승단자를 인정한다. 초급부터 9단까지 27등급이 있다. 중국 삼국시대 천하를 호령하던 영웅호걸 팔척장신 다섯 자나 되는 하얀 수염을 날리던 관우(關羽 ?~219)는 차(車), 지혜는 모자라지만 힘이 장사였던 여포(呂布 ?~198)는 포(包), 기마병의 명수 마초(馬草)에 비유했고 상(象)은 장판교에서 필마단지로 유비(劉備 161~223)의 아들을 품에 안고 조조(曹操 154~200)의 10만 대군으로부터 유유히 탈출했던 조자룡(趙子龍 168~223)에 비유하고 있다. 한(漢)나라 초(楚)나라의 병졸들이 전쟁하는 게임이다. 월하(月河) 박재서(朴宰緖)는 바둑에 대해서 써보라고 권장하고 있고 바둑과 장기를 즐기면서 동동타령을 즐기던 때도 있었다.

1970년대 충남 서천군 장항초등학교에서 근무할 때 점심을 빨리 해치우고 숙직실에서 바둑과 장기가 골치 아팠던 머리를 휴식 시키는 청량제로 사용하기도 했다.

오늘날은 바둑이 건전한 스포츠게임으로 정식 등록되어 생활비를 유지하고 안정된 가정생활로 정착되고 있는 실정이다. 문화체육관광부에서 주최하고 (재)한국기원에서 주관하는 각종 프로기사 쟁탈전이 있고 월간바둑을 발간하고 있으며 삼성화재배, LG배, 중한배, 황룡사배, 비씨카드배, 한국물가정보배, 대한생명배 등 수 없는 프로기사들이 게임으로 생활유지를 할 수 있는 혜택으로 전환되기도 하였다. 한국의 프로기사는 2014, 남자 247명, 여자 53명으로 총 300명의 프로기사가 활동하고 있다. 프로기사 중 9단자가 조훈현, 이창호, 유창혁, 이세돌, 박영훈, 백홍석, 강동윤, 최철한, 조한승, 박정환, 김지석, 박정은, 최정, 김민지 등.

배흘림 햇살기둥

은(銀)나노선, 배흘림 햇살기둥, 우주정거장 짓는다면 세계에서 가장 가늘고 집적도(集積度)가 높은 나노선(Nano) 지름 0.4 나노미터인 은(銀)나노선 배열 머리카락 굵기의 25만분의 1극초미세 나노선, 배흘림 햇살기둥으로 우주정거장을 짓는다. 미국과 16개국이 기술과 돈을 추렴해서 짓는다. 우주정거장을 기점으로 나사(Nasa)에서 은하철도 109km를 부설하기로 하고 금년(2002) 안에 3분의 1을 시공한다.

이 은하철도가 인류에 무슨 쓸모가 있는가에 대한 전제는 없다. 은하철도는 조반니와 그의 친구 캄파네를 태우고 꿈의 4차원 세계를 누빈다. 조반니는 차원 세계를 프리 패스하는 차원 열차 통행증, 카파네는 천당 뿐 아니라 가지 못할 곳이 없는 무소부지의 통행증, 은하철도는 이들을 싣고 공간 차원과 시간 차원이 교차된 복합 차원을 누비며 죽음에 이르는 자신들을 발견한다. 우주정거장 수리공 공기 통조림 잡수셨나? 수소원료 사용하여 전기자동차 만든다.

꿈의 신물질 탄소나노튜브로 연료전지(Fuel cell)를 만들면 수소가 원료인 전기자동차를 개발 할 수 있다. 탄소가 연결돼 관 모양을 이룬

탄고나토튜브는 굵기가 머리카락의 10만분의 1정도에 불과 하지만 강도는 같은 굵기의 강철보다 100배나 뛰어나다. 구리만큼 전기가 잘 통하고 열을 잘 발산 시킨다. 1나노미터(Nm)는 10억분의 1m 연료전지란 물을 저기분해 할 때 나오는 수소와 산소를 공기 중에서 반응시키면 전기와 물이 나오는 원리를 이용한 전지, 여기서 얻은 전기로 자동차 모터를 움직이는 것이 수소전기자동차다. 기존 가솔린 자동차에 비해 열 손실이 없으며 에너지 효율이 두 배 가까이 높고 배기가스 대신 물이 나오기 때문에 공해도 없다.

탄소나노튜브로 반도체를 만들면 현재 64MD램보다 저장능력이 수만 배 뛰어난 새로운 개념의 반도체를 생산할 수 있다. 탄소나노튜브를 이용한 램프(전등)개발 성공 나노기술이 발달되면 현재 사용되는 전지 컴퓨터기기의 크기를 수백 배 줄이고도 성능을 향상 시킬 수 있다. 수만 배 뛰어난 나노기술로 배흘림햇살기둥 우주정거장을 지으려면 나노용접공이 필요할지 모르겠다.

조율감시(棗栗甘柹) 복조리, 명태, 삼색실을 매달고 상량식을 할 때 고천제(告天祭)를 올려야지? 어동육서(魚東肉西) 차려 놓아 옥로(玉露)술을 올리렸다. 이온 쌀밥, 한방 참외, 한강 황쏘가리탕, 금강 어름치탕, 팔진미(八珍味)까지 백제금동대향로(百濟金銅大香爐)에 향불 피우고 솥뚜껑 넘실거린 하얀 김 특효약이 되는기라.

민들레 김치

올해는 꽃샘추위가 기승을 부리고 함박눈이 쏟아져 비닐하우스도 무너뜨려 폭설 피해가 몇 억 원을 뛰어넘고 있다. 양지바른 돌담 아래에는 노란 민들레가 폭설에 파묻혀 허리가 휘도록 쌓인 채 벌벌 떨고 지내온 지도 퍽 오래되어 간다.

민들레를 국어사전에서 설명한 긴 이야기는 줄이고 식용 또는 약용으로 활용하는 방법과 민들레 김치를 소개하기로 한다. 한방에서 민들레꽃이 피기 전에 건조한 것을 포공영(蒲公英)이라 하여 해열, 발한, 건위제로 복용하고 각 지방에 따라 금잠초(金簪草), 포공초(蒲公草), 구덕초(九德草)라고 부르고 있다.

오늘날에는 장류산업이 발달한 전북 순창 지역에서 민들레 김치를 개발하여 시판되고 있다는 신문을 읽어 본 적이 있다. 그래서 민들레를 주제로 자연환경의 사물 시조로 형상화된 시조 장르별로 감상하기로 하자.

1. 민들레

길섶에 홀로 앉아 노란 옷 차려 입고
벌, 나비가 만져보고 꽃등에도 달래주면
봄, 내음 가득 담은 꽃 꿀물 마신 민들레.

—『바람이 밀어주는 그네』 동시조집 아동문예 1994.

위 민들레 작품은 7행 동시조다. 우리나라의 토종 민들레는 꽃봉오리 속에 흰색이 들어 있는 민들레가 조선 민들레이고 담황색 노란 민들레는 외국 품종이라고 한다. 오늘날에는 민들레, 까마중(먹딸기) 등이 암 환자에 좋다고 알려져 있어 민들레가 우리 인간에게 좋은 식품으로 등장하고 있다.

2. 민들레

담황색 고운 아침 물방울 무늬 신고
그리움 저리도록 일편단심(一片丹心) 벙그는 뜻
꽃잎이 돋아나거든 봄 편지 함께 써 주랴.

떨리는 속삭임이 물결 되어 너울 타고
새움 꽃 터지는 소리 날 넌지시 쳐다보면
햇살이 스쳐 지날 때 얼굴 붉힌 미소여

— 현대시조 1992 봄, 여름 합병호, 한국시 1992 4월호

위의 민들레 작품은 2연 현대시조다. 그렇다면 (1)의 평시조와 (2)의 현대시조가 어떻게 다른지 이해할 수 있으리라고 생각한다. 국이사진

에 동시조(童時調)라는 낱말 명칭이 없는데 국립국어원의 전수태 박사의 답변을 참고로 옮겨 본다.

— 시조문학 2006 여름호

〈질문〉

어린이들의 심신발달과 지적 수준에 걸맞게 시조의 형식을 빌려 어른이 어린이를 위해 창작해 놓은 문학작품을 동시조(童時調)라고 했는데(국어사전에 없음) 이 명칭(이름)이 타당할까요?

〈답변〉

(1). 이 문제에 대해서는 어느 누구도 개인적으로 결정권을 가진 사람이 없습니다. 굳이 결정하려면 문화관광체육부의 국어심의회 표준분과위원회를 거쳐야 합니다. 그러나 일상생활이나 신문 방송에서 쓰는 모든 단어가 이 기관의 통과를 거쳐서 사용되는 것은 아닙니다. 따라서 제 사견을 전제로 답변해 드리겠습니다.

(2). 결론적으로 말씀드려서 동시조라는 기왕의 명칭이 타당하다고 봅니다. 어른들을 대상으로 하는 시, 라는 용어에 대해서 아이들을 대상으로 하는 시를 동시, 라고 하는 것은 지극히 자연스럽다고 봅니다. 또 이미 이 용어를 써 오고 있습니다.

(3). 한자어를 쓰기 싫다면 어린이 시조를 생각해 볼 수도 있겠으나 너무 길다는 느낌이 듭니다. 이는 동시를 어린이 시라고 했을 때의 느낌과 같다고 하겠습니다. 또 국어사전에 없기로는 동시조나 어린이 시조나 마찬가지입니다.

(4). 따라서 국어사전에 없지만 이미 써 오고 있고 또 이에 대한 마땅한 대안이 없으므로 동시조라는 용어의 사용이 무난하다고 생각됩니다. 〈참고자료 첨부〉

3. 민들레 홀씨 꿈

봄, 꽃, 나무, 봄바람도 골목길 찾던 어느 늦봄
노란, 꽃 돌담 아래 웃음, 꽃을 선보일 때
바람에 날려간 힘찬 몸짓 그 약속은 희망 하나

— 시조문학 2003 가을호

위 민들레 홀씨 꿈은 7행 평시조다. 필자는 60~70년대 농사를 짓다가 농약에 중독되어 후유증 환자로 고생하고 있고 아내도 위 수술을 받은 환자이므로 민들레(구덕초)를 뜯어 생즙을 만들어 아침밥을 먹기 전에 믹서기로 갈아 마셔 오고 있다. 몸속의 수은제(水銀劑)가 중화작용을 한다고 한다. 60~70년대의 농약은 인간의 치사량을 생각하지 않고 오직 도열병 잡는데 신경을 썼기 때문에 농약 사고로 죽는 사람이 너무 많았었다. 아마 우리나라에서 저승관광 1호일게다. 민들레가 현재는 암 예방 특효약으로 널리 알려져 있다.

4. 누정시조(樓亭時調) 19　　구덕초(九德草), 민들레

민들레를 김치 담아 쓴맛이 보약이다. 옛날 서당(書堂)에서 구덕초(민들레)를 옮겨 심고 훈장이 구덕초-구덕송(九德頌-민들레의 아홉 가지 은덕)을 머릿속에 외우라고 했었다. 모진 환경을 이겨내고 피어난다는 것이 일덕(一德)이요, 홀씨가 날아 앉으면 짓밟혀도 짓이겨도 생명력이 있음이 이덕(二德)이요, 뿌리를 캐어 햇빛에 말려도 뿌리를 잘라 심어도 인생의 역경에 교훈을 주며 차례를 기다렸다 피는 장유유서(長幼有序)를 지키는 것이 삼덕(三德)이다. 어둠이나 구름이 짙으면 스스로 꽃잎을 닫으니 명암(明暗) 천기(天氣)를 알아 선악(善惡)을 헤아리는 것이 사덕(四德), 꿀이 많고 진해서 멀리 벌들을 끌어들여 인정을 베푸는 것이 오덕(五德), 새벽 먼동이 트면 가장 먼저 꽃 피는 근면(勤勉)이 육덕(六德), 씨앗이 제 각각 의존 없이 바람 타고 멀리 날아가 자수성가(自手成家)하여 일가(一家)를 이루는 모험심이 칠덕(七德), 흰 즙이 머리를 검게 하고 종기를 낫게 하고 학질 등 열을 내리게 하는 그 어진 인(仁)이 팔덕(八德), 여린 잎을 삶아 무쳐 먹고 쓴맛을 보태주는 살신성인(殺身成仁)이 구덕(九德)이다. 민들레 꽃 꺾으면 환경파괴냐? 건강식품 민들레.

— 공무원문학 2003 여름호

우리 인간은 자연의 혜택으로 살아오면서 자연으로 되돌아가는 진리의 순환법칙을 전통 역사와 함께 계승되고 있다. 이와 마찬가지로 민족시를 일궈내어 후손들에게 물려주려면 어른들이 창작해 놓은 시조는 시어 자체가 어렵기 때문에 어린이들의 심신발달과 지적 수준에 걸맞은 동시조가 우선되어야 한다고 주장한다. 말로만 떠드는 애국보다 실천하는 시조 시인이 아쉽기만 하다.

그러므로 전국적으로 확산되고 있는 시조백일장 대회가 열리고 있는 요즈음 이 대회를 살리는 방법이 동시조 창작이 아니고 무엇이 있겠는가? 아이들의 홍얼거리는 콧노래가 흘러나와야 훌륭한 동시조라고 한다. 현대동시조가 전국적으로 확산 팽창되어 아이들의 맛깔에 좋은 사과, 배를 썰어 넣은 물김치, 민들레 김치처럼 건강식품으로 변신하기를 바라는 마음 간절할 뿐이다.

한국 아리랑

1. 정선(旌善)아리랑

강원도(江原道) 정선(旌善)아리랑 고향이다. 누가 내 처지를 알아주리오. 라는 뜻에서 아라리가 되었다는 전설이 있고 실제로 이곳 사람들은 정선 아라리라고 부르고 있다.

아리랑 노래의 기원설은 그 설(說)이 여러 개이나 그중에서 정선(旌善)아리랑은 고려가 망하자 불사이군(不事二君)의 충심으로 정선(旌善) 땅 거칠현동(居七賢同)에 은거한 선비 전오륜(全 五倫 1631~1720)이가 산나물을 뜯어 먹으면서 비통한 심정으로 율시(律詩)로 지어 부르던 것을 지방의 선비들이 한시(漢詩)를 이해하지 못하는 서민들에게 풀이하고 감정을 살려 부른 것에서 시원(始原)으로 삼고 있다.

정선(旌善)아리랑의 700수 중에 첫 번 째 노래는 송도 만유산(松都萬儒山)이 나오고 다른 아리랑보다 애조를 띤 것이 특징이다. 아리랑이 형성된 것은 본디 논, 노래, 베틀 노래, 뗏목 노래 등 민초들의 삶 속에서 자연스럽게 형성되어 있는 노동요가 1865년 경복궁(景福宮) 중수 때 팔도에서 모여든 부역꾼들이 각지의 노래를 주고받는 가운데 아리랑이 보편화 되었다.

〈정선(旌善)아리랑〉
아우라지 지장구 아저씨(뱃사공아)
나 좀 건너 주오, 싸리골 올 동백이 다 떨어진다.
아리랑, 아리랑, 아라리오, 고개고개로 나를 넘겨주게.
북한강 뗏목 몰던 뱃사공 아우라지 고향이여!

2. 밀양(密陽) 아리랑

한국 문화를 대표하는 민족 감정을 읊은 노래. 밀양부사(密陽府使) 딸, 아랑(阿娘)이 젊은 관노(官奴)의 손에 죽은 것을 슬퍼하여 아랑, 아랑 하고 노래를 부른 것이 유래(由來)가 되었다고 한다.

예쁜 얼굴만큼 마음씨도 고울 뿐 아니라 글과 바느질 솜씨가 훌륭해서 사람들이 흠모하게 되었다. 유모에게 뇌물을 주고 아랑을 꾀어내어 보름달이 뜬 어느 날 밤 영남루(嶺南樓)에서 달구경 하던 아랑에게 사랑을 고백했는데 아랑이 냉정하게 꾸짖자 갖고 있던 비수(匕首)로 아랑을 찔러 죽였다. 억울한 죽음을 당한 후 새로 부임하는 부사(府使)마다 죽음을 당하는 괴이한 일이 벌어져 아랑의 넋을 위로하기 위해 아랑각(阿娘閣)을 짓고 봄, 가을에 제사를 지내 주었다고 한다.

〈밀양(密陽)아리랑〉
아리 당다꿍, 쓰리 당다꿍, 아라리가 났네.
아리랑 고개로 날 넘겨주소(후렴)

날 좀 보소, 날, 좀 보소, 날 좀 보소.
동지, 섣달 꽃 본 듯이 날 좀 보소.
정든 임이 오셨는데 인사를 못해.
행주치마 입에 물고 입만 방긋.
아리랑 어절시구 잘 넘어 간다.
정든 임 내 허리 잡는다.

3. 진도(珍島) 아리랑

박혁거세(朴赫居世) 왕비 알령은 알령천 살던 용(龍) 옆구리에서 나왔다. 아리랑의 유래는 삼국시대에 아리랑이 형성되었다는 설(說), 흥선대원군(興宣大院君)이 경복궁(景福宮) 공사 때 1870년 아리랑이 형성되었다는 설(說). 밀양의 영남루(嶺南樓)에 얽힌 아랑(阿娘)의 전설에서 유래되었다는 설(說)이 있다.

또 아리랑은 아리령(嶺)을 의미하는데 아리는 밝음, 광명의 뜻으로 북방에서 한반도로 이주해 오던 우리 조상들이 높은 산을 넘어 오면서 자신들의 처지를 노래로 담아 부른 것이 오늘날의 아리랑에 해당 된다고 하였다. 또 차라리 내 귀가 먹어서 아무 것도 들리지 않는다는 아이롱(我離聾)이 백성들의 처량한 신세로 불려지게 되었다는 설(說)도 있고, 아이랑(我離鄕), 즉 매일 노동에서 시달린 백성들의 오랜 고독과 처(妻)와 떨어져 살기 힘든 자식들의 심정을 아이랑(我離鄕)으로 표현, 아난리(我難離), 아리리로 전승 되었다는 설(說)도 있다. 여성들 유사배기 타령이 특색이다.

(1) 아리롱설(啞耳聾說) (2) 아란리설(我難離說) (3) 아리랑설(我離鄕說), (4) 아랑위설(兒郎偉說)이 있다.

〈진도(珍島) 아리랑〉
아리랑 응응응 아라리가 났네.
소문난 양반들의 유배지.
양반, 평민들의 갈등에서 생긴 아리랑.

4. 강원도 아리랑

전통적 토속민요, 강원도 대표 민요.

강원도 민요는 엇모리장단 가락이고 사설 내용에 있어서도 동백기름에 사랑이 싹트는 순박하고 아름다운 구절구절의 내용을 담고 있어 소치는 아이들의 애환이 산골 처녀의 풋사랑 넋두리요, 순진한 아가씨의 절박한 사랑을 하소연하는 듯하다. 산골지방 사람들의 낭만적인 흥취와 향토의 정서를 풍기는 소박한 노래로써 타고난 아름다운 마음과 순진한 성격의 엇모리장단(8분의 5) 박자에 맞추어 노래 부르며 분절과 후렴이 각각 10박 4장단이 된다.

1926년 아리랑 영화가 개봉된 이후 개작 아리랑이 쏟아져 나왔고 높은 음으로 시작해서 낮아지는 형식인데 느리고 구슬픈 느낌을 준다. 산골 처녀들의 사랑을 하소연한 내용이 많은 편이다. 앞산의 실안개는 산, 허리를 잡고요, 정든 임 두 팔은 내 허리만 잡는다.

〈아리랑 가사〉
아리랑 아리랑 아라리요,
아리랑 고개로 넘어 간다.
나를 버리고 가시는 임은 십리도 못 가서 발병난다.

* 아리랑 뜻 : 우리나라의 대표적인 민요의 하나로서 아름답고 멋진 임이라는 뜻이다.

※ 아리랑 종류 : 민속조 경기민요 — 세마치장단. 약 60여종 — 남북한 3600수. 유네스코 인류무형유산 등재 됨. 경기아리랑, 신(新)아리랑, 떽목아리랑, 긴아리랑, 독립군아리랑, 사할린아리랑, 영암아리랑(1972년). 백암 — 작사, 고봉산 — 작곡. 서울아리랑, 원산(元山)아리랑, 강원도아리랑(1), (2). 춘천아리랑, 신아리랑, 본조(本調)아리랑, 별조(別調)아리랑, 간아리랑(1), (2). 광복군아리랑, 태평아리랑.

※ 참고문헌 : 한국민요집(1), (2), (3). 임동권(任東權 1926~2012). 집문당 — 서울 1961.

한국적 가훈(家訓)

내가 지킨 가훈(家訓) 살려 대대 손손 빛내리.

경북 양양 한양 조씨(漢陽趙氏) 호은(壺隱 趙佺 1482~1519). 시인 조지훈(趙芝薰 1920~1968) 재물, 양자(養子), 문장(文章)은 다른 곳에서 빌리지 않는다(삼불차, 三不借).

경주 최부자 가문(최진립 1568~1636) 손자 최국선(1631~1682) 400년간 가훈 — 재산은 만석 이상 모으지 말라. 흉년에는 남의 논밭을 매매하지 말라. 사방 백리 안에 굶어죽는 사람 없게 하라. 과거(科擧)를 보되 진사(進士) 이상은 하지 말라.

대구 달성 남평 문씨. 문일평(1888~1939) 만권당 설립. 일제가 세운 신학교에 자녀들을 보낼 수 없다. 땅과 제물이 아니라 지혜를 물려주겠다는 가문.

임진왜란 때 학봉 김성일(1538~1593) 가문. 정부에서 훈장 받는 제자만 60명 배출.

경남 거창 동계 정온(1569~1641) 동계고택 — 때를 기다린다.

서울 안국동 윤보선(尹普善1899~1990) 대통령 덕(德)을 쌓아야 인물 낸다.

전북 남원 죽산 박씨(박문수 132~?) 몽심재 — 남보다 못한 사람을 생각한다.

전남 해남 윤선도(1587~1671) 고택 — 내 뜻에 맞게 산다.

충남 아산 외암마을 예안 이씨(이간이 1868~1891) 종가 — 정신의 귀족을 생각한다.

전남 진도 양천 허씨 운림산방(소치 — 허련 1809~1892) — 우물을 파려거든 하나만 파라.

충남 예산 추사 — 김정희(1786~1856) 고택 — 가슴에 우주를 품는다.

전북 익산 표옹 송영구(1556~1620) 고택 — 사람 보는 눈이 다르다.

강원 강릉 선교장(1703년 건축) — 인간답게 살아라.

대전 유성구 지족동 — 관촌 김창현 — 성실(誠實)

※ 내가 좋아하는 한시(漢詩)

성년부중래(盛年不重來) / 일일재난신(一日再難晨)
급시당면려(及時當勉勵) / 세월부대인(歲月不待人)

젊은 시절은 다시 오지 않고 / 하루에 새벽은 거듭 오지 않으니
때를 놓치지 말고 부지런히 힘써야 한다. / 세월은 사람을 기다려 주지 않으니.

— 출전(出典) : 삼모음.

※ 산정무한(山情無限)

님일랑 고사리 꺾세 날랑 두릅을 땀세 / 국 끓이고 나물 무치고 배껏 양껏 머세 그려 / 발 뻗고 님의 품속에 잠도 실컨 자보고.

이천 도예촌(利川 陶藝村)

오형제들 도예촌 도예산업 집산지.

도예촌의 태동은 1960년대에 전국 도예가들이 모여 들었고, 1,250도의 고열 온도에서 굽는 칠기가마 두 곳이 모태였고, 1970년대에는 15개 가마가 있었으며, 지금 현재는 336개 도예제작 업체 중 120개가 중심지를 이루고 있다.

한국도예 기술은 청자와 분청의 옛 모양과 색깔을 구현할 수 있는 단계에 올라 와 있으며 도자기의 옛말을 고수하는 지순택 요(池順澤 窯), 현대적 멋을 가미한 해강 요(海剛 窯), 분청 계통의 대작(大作)을 담당할 이천 요(利川 窯), 생활자기를 만들어 내는 광주 요(廣州 窯)로 구분할 수 있다.

자기의 혼(魂)을 흙에 담아 두고 무쇠가 녹아내릴 정도의 불의 심판을 기대하는 일이 도예가들의 똑같은 심정이다. 한국 흙 청자 빛깔 낼 수 있어도 일본 흙은 청자 빛깔을 낼 수 없다고 한다. 그러므로 계룡산 동네에는 분청사기가 유명하고 전남 강진에는 청자 도예가 유명한데 내가 정형시로 나타낸 문화재들은 다음과 같다.

2005. 미래문학 겨울호 — 금동미륵보살반가상, 국보 제83호.

2005. 미래문학 겨울호 — 고구려금동여래입상, 국보 제182호.

2006. 시조비평 봄호 — 분청사기상감화문병, 국보 제80호.

2006. 공무원문학 여름호 — 백제금동대향로, 국보 제287호(부여능산리절터 1993)

2006. 현대시조 봄호 — 청자상감용봉모란문개합, 국보 제220호

2009. 대전문학 제49호 — 종로피맛골백제항아리, 15~16세기, 보물급 3점 출토.

2009. 문학사랑 겨울호 — 청자사자옥개향로, 국보 제60호

2011. 문학사랑 여름호 — 망우대(잔받침), 보물 제1057호

2011. 현대시조 가을호 — 고려청자압형연적, 국보 제74호.

한국 청자 — 국보, 보물.

청자구형수병 — 국보 96호.

청자구형수주 — 보물 452호.

청자기린유개향로 — 국보 65호.

청자비룡형주자 — 국보 61호.

청자상감당초문완자 — 국보 115호.

청자상감목단국화문과형병 — 국보 114호.

청자상감목단문표형병 — 국보 116호.

청자상감모자합 — 보물 349호.

청자상감복사문매병 — 보물 342호.

청자상감운학문호 — 국보 68호.

청자상감유어문매병 — 보물 347호.

청자상감진사목단문매병 — 보물 346호.
청자상감포도동자문매병 — 보물 286호.
청자소문과형병 — 국보 94호.
청자압형수적 — 국보 74호.
청자음각연화당초문매병 — 국보 97호.
청자양각위로수금문정병 — 보물 344호.
청자진사연화문과형주자 — 국보 133호.
청자칠보투각향로 — 국보 95호.
청자투각돈 — 보물 416호.

채식 건강(菜食 健康)

우리나라에서는 1960년대 새마을 운동이 일어나기 이전에 높은 산간지역에서 우거진 숲속을 태워서 받은 일구어 농사를 지었던 것을 화전(火田)이라고 했는데 중국에서는 채소 밭을 짓밟아 부순다는 뜻이 답파채원(踏破菜園)이라고 하는데 융숭한 대접을 받아 뱃속이 놀랐다고 할 때 쓴다. '채식하던 사람이 양고기를 먹고 꿈속에 오장(五臟)의 신(神)이 나타나 양(羊)이 채소밭을 짓밟고 있다.'의 양답파채원(羊踏破菜園)에서 비롯된 말이다.

효녀 심청이가 공양미 삼백석에 팔려 나가던 날 영문도 모르는 반찬으로 밥상을 받은 심봉사가 허, 기름진 것 들어가면 배를 다치느니라. 오장육부 구조가 풀로 돼있는 채식 민족이라는 존재증명을 했다. 풀의 섬유를 소화시키는 데는 창자가 길어야 하며 초식동물 일수록 창자가 길다. 구황천초(救荒千草)는 흉년에 먹는 민속이다. 외국 약전(藥典)에 독초로 분류되어 가축도 못 먹게 하는 고사리를 삶아 먹고 유럽 미래소설 불로행복약 〈소머〉가 백가지 약초로 만든 백채환(白寀丸)이다.

조선 초기 정희량(鄭希良 1469~1569)은 불로 안심제를 천 가지 약초로 만들었다 하여 천채환(千寀丸), 한국 고추장은 세계 식품 학자들이 탄복을 한다. 삭은 맛과 고소한 맛의 조화와 고소한 맛이 초식문화의 특허 맛이다. 동네 마을마다 풍습이 각각 다르지만 정월 보름날 짚 인형인 제웅의 뱃속에 동전을 담아 거리에 던져두면 아이들이 주워 감으로써 그 해에 닥칠 액(厄)을 파는 세시풍속, 곧 없애고 싶은 악의 상징이 제웅(除雄)이다.

1960년대 소록도 환자 지역, 마감이 수용지역의 완충 지역에 버려진 누더기 인형, 순영이가 앞치마에 어머니라 쓰고 소꿉놀이 흑인 인형이므로 아이들이 네 엄마가 깜둥이냐? 놀려댔다. 흑인 소녀 리자 자매에게 던져주었다. 낯선 땅에서 어머니로부터 격리 당한 것도 서러운데 수용소에서마저 차별받아야 하나 그 아픔을 참지 못하고 인형을 갈기갈기 찢고 팔다리를 칼질하여 완충지대에 버렸다. 누더기 옷, 인형, 베트남 상징, 정부군 군사의 전쟁에 대한 허탈감, 자학망상, 정의감으로 연계되어 용기, 반항, 만용으로 비열로 얼룩지는 줄거리, 앤드루 영국왕자 전 부인 세라포커슨, 9.11 테러, 뉴욕무역센터 잃어버린 인형, 잿더미 속에서 발견, 테러 악을 뱃속에 담은 제웅, 고기보다 채식을 즐기는 창자가 긴 우리 민족이 끈기와 인내와 감수성이 예민한 민족임을 알아야 할 것 같다.

조선 정희량(鄭希良 1469~1569) 오늘날에 부각되는 이유가 채식을 좋아하는 우리 민족에게 백채환, 천채환을 조선시대에 개발하여 장수문화를 일찍부터 개발하였고 오늘날의 경로효친과 결부되기 때문이라고 진단하고 싶다. 인천 서구에서 방외인(方外人) 문학, 다도(茶道), 신설로(晨泄擄), 혼란주(昏亂酒), 천채환(千寀丸)의 창시자로 알려져 있다.

한국의 눈물 서곡(序曲)

옛날 어머니들은 눈물 없이 못살았다고 한다. 눈물의 형태로 보아 주르르 흘러내리는 눈물을 체(涕), 갈라져 흐르는 눈물을 사(泗), 콧물과 더불어 흐르는 눈물을 이(洟), 펑펑 쏟는 눈물을 루(淚), 눈물을 가장자리에 고여 두고 흘리지 말아야 할 눈물을 누(泪)가 있다.

조선시대 유배지에서 김인후(金麟厚 1510~1560)는 석양에 붉게 물든 눈물 아까워서 못 떨어뜨리겠네, 라고 시(詩)를 읊었고 눈물도 색깔이 있어서 붉은 눈물, 감정이 결핍된 눈물이 하얀 눈물일 게다.

옛날 어머니들은 눈물 없이 못살았다. 음식의 간(염도, 厭覩)을 볼 때 기억해 두었던 눈물 맛의 간에 맞춘다는 것이 생활의 지혜다. 눈물 서말(삼두, 三斗) 흘리지 않고 음식 맛 제대로 못 낸다는 말이 있고 제사 때의 노예로 눈물을 강요하였다. 그래서 시집가는 딸에게 후추씨앗, 고추씨앗을 가루로 만들어 눈물주머니를 만들어 주어 눈물 천하 민속이라고 말 할 수 있을 게다.

사랑은 눈물에 씨앗, 눈물 예찬 유행가도 있는 세상이다. 눈물의 파티, 눈물의 한나, 인간극장 이정래(李正來 1977~2006) 눈물 흘리는 사진, 눈물 이미지, 눈물 가사, 안구 건조증으로 인공눈물을 사용하고 있다. 눈물의 종류에는 슬픈 일이 생겼을 때 너무 기뻐 감격했을 때, 너무 억울해서 분노로 인한 눈물, 감정적인 일보다 양파나 마늘, 고춧가루를 먹어도 눈물이 나온다.

진리의 성경에도 눈물이 있고, 어리석음을 후회하는 실망의 눈물도 있고, 슬픈 영화를 보고 감동적 눈물을 찔끔거릴 때도 있고 분해서 흘리는 눈물, 억울해서 흘리는 눈물, 복수심에 불타는 눈물, 남에게 보여주기 위한 눈물, 슬퍼서 흘리는 눈물, 남 몰래 흘리는 눈물, 참 기쁠 때 흘리는 눈물, 자극을 받았을 때 반사의 눈물도 있고, 참회의 눈물, 용서의 눈물, 그리움의 눈물, 서러움의 눈물, 안타까움의 눈물, 감사의 눈물, 고통의 눈물, 한판의 눈물, 이별의 눈물, 만남의 눈물, 사별의 눈물, 기초 눈물은 깜빡일 때, 술 먹고 짜는 눈물, 평상시 눈물(내인성 눈물), 인공 눈물 등등. 이 세상에 눈물이 이렇게 많은 세상인가? 눈물 박사는 없는가?

눈물 편지는 몇 통이나 썼을까? 지난 세월의 우리 가슴을 뭉클하게 만들었던 대중가요의 눈물 젖은 두만강, 눈물의 연평도, 눈물의 씨앗, 눈물타령, 경기민요, 눈물 없이 볼 수 없는 영화가 있고 이산가족의 눈물이 세계 속의 눈물이 되듯이…. KBS 전국노래자랑 사회자 송해(宋海)의 눈물, 눈물바다가 되었던 세월호, 국립 현충원에서는 눈물 때문에 제물도 잘 보이지 않고, 늙으신 어머니가 현충원의 비석을 쓰다듬고 흘리는 눈물은 참 보기도 역겨웠다. 충남호, 연평도, 참상은 눈물바다였다.

강원도 영월단종역사관을 찾아갔다. 영월이 속삭이는 이야기에서 단종(端宗 1441~1457)의 눈물은 없었을까? 조선 제6대 단종이 8세 때 왕세손으로 책봉되고 매죽루(梅竹樓)는 단종이 자규시(자규사)를 읊어서 자규루로 불러지고 있으며 단종이 노산군으로 강봉 유배되어 사약을 받고 승하하자 단종 시신을 거두어 암장했는데 충신을 추앙받고 이후에 공조판서로 추증되기도 하였던 영월호장(寧越戶長) 엄홍도(嚴興道, 생몰미상)의 정려각이 조선 영조 2년에 건립되어 충효심을 기리고 있었다.

단종문화제에서 설, 단오, 추석, 동지 때와 단종 기일이 매년 10월 24일인데 칡 줄다리기, 능말 도깨비놀이(단종릉을 지키는)가 전승되고 12살 어린 나이로 조선 임금을 지내다 17살에 죽임을 당하였다. 단종애사, 소설, 단종애사의 영화로 많은 국민들의 눈물을 짜내고 있었을 것이다. 왕방연(王邦衍, 생몰미상)이 사약을 영월로 가져간 금부도사의 눈물, 생육신의 눈물, 사육신의 눈물을 지켜보았을 것이다.

〈왕방연의 시조 한 수〉

천만리 머나먼 길에 고운님 여의옵고
내 마음 둘 곳 없어 냇가에 앉았더니
저 물도 내 마음 같아 울며 밤길 예는구나.

하늘나라로 떠난 용전문사(龍田文士)

필자가 대전 땅을 밟은 일은 반백년이 훌쩍 뛰어 넘어 1959년 3월 30일이다. 그 당시에는 추부터널이 없어서 만인산 산마루까지 꼬부랑길을 돌아서 넘나들었다. 1959년 3월 31일 전북 금산군 ㅇㅇ초등학교를 찾아가서 부임인사를 했고 1959년 4월 1일부터 개학날이다.

대전에서 금산까지 교통비는 버스 삯이 33원을 주었고 막걸리 한 되 값은 40원을 주어야 샀다. 넉 달 어린이들을 가르치고 1959년 7월 17일 제헌절날 고향 면장으로부터 관보 영장이 나와 군대에 갔는데 1960년 3.15부정선거에서 강원도 인제 육군 제7사단에서 투표를 하였다.

내가 투표한 것이 아니라 투표장 안에 연대장이 투표를 했다. 전남 광주광역시와 장항읍이 1932년에 똑같이 읍(邑)으로 승격되었고 한국 제련공업을 주름잡았던 농어촌 도시 장항(長項)이 처가 동네다. 그때는 사람의 생명을 무시하고 농약을 만들었고 오직 벼 목도열병 잡는데 주력했기 때문에 농약사고가 많이 일어났는데 그 중에 필자도 끼어들었다.

자식들 학업문제로 1980년 1월에 대전고속터미널 부근에 새둥지를 마련하였고 1986년에 대전으로 직장을 옮겨 1990년대에 시인으로 등단하였다. 그 후 박재서, 홍희표(1946~2012), 안초근, 김창현 등이 자주 만나 대화를 나눈 일도 있었다. 문학등단은 꼴찌였고 나이는 왕초였다. 박재서 시우와 동갑이지만 나보다 두 달 늦다. 여덟 살 아래 막내가 제일 고참이고 새까만 후배라고 놀렸고 시와 시조를 구별 못하는 교수가 홍교수라고 반론했었다. 〈아〉 다르고 〈어〉 다르다는 속담을 구별 못해서 그렇게 지도하니까 목원대학교 대학생들이 신춘문예 작가가 하나도 없다고 맞섰다.

우리 문사(文士)들은 오동동 타령을 즐기다가 문학등단 문제가 항상 화젯거리였고 모두 자유시를 사랑하는 재주꾼이지만 나 홀로 정형시를 쓴다고 발버둥 쳤지만 〈번갯불에 김 구워 먹는다.〉는 속담처럼 하루아침에 성사되는 일은 아닐 것이라고 생각했다. 시(詩)를 위해서는 눈물도 흘려야 하고 시조(時調)를 위해서는 피땀도 흘려야 하며 문학을 수련하기 위해서는 코피도 흘려야 한다는 인생 목표 지향점을 내걸고 피눈물 나는 노력을 했지만 농약 중독 후유증이 날 잡고 놓아주지 않아 괴롭히는 때가 한두 번이 아니다.

필자가 홍교수를 저울질 해 볼 때 시보다 평론에 더 무게를 두었고 심도 깊은 조예가 훨씬 밀도가 높았다고 보았다. 특히 눈물 점 박용래(朴龍來 1902~1934)의 시 연구, 평론. 자작시 해설, 〈마음의 새끼손가락 걸고〉 우봉 임강빈(牛峯 林剛彬 1930~2017) 시의 〈채우기와 비우기〉 평론과 한밭풍물시 시론은 세상 어느 곳에 내놔도 손색이 없는 긴자 평론이라고 해도 틀린 말은 아닐 것 같다

산수(傘壽)가 가까운 지금은 소월 김정식(金廷湜 1902~1934) 시의 시구(詩句)처럼 산산이 부서진 이름 되어 뿔뿔이 흩어졌고 박재서 시우

는 작년 동짓달에 만나 오동동 타령을 즐겼는데 장애인 지팡이를 짚고 다녀서 불쌍한 인생으로 보였다. 필자의 수필 제목이 말더듬이의 하소연인데 우연의 일치인지는 몰라도 홍교수는 말을 더듬는 버릇이 있다.

시비가 목원대학교 도서관 앞뜰에서 동그란 해님의 얼굴처럼 환하게 웃고 있는 홍교수의 얼굴이 떠올라 아른거린다. 삼가 고인의 명복을 기원하며 다음 추모 글로 끝을 맺는다.

(대전문학 2013 제59호 참조)

어처구니

조선시대 왕과 관련된 주요 옛집 지붕 장식기와(裝飾器瓦)의 일부로 추녀마루 우진각 밑(팔작지붕의 경우나) 내림마루(맞배지붕의 경우) 위에 나란히 올라 앉아 나름대로의 각기 다른 이름과 모습으로 줄지어 있다. 다만 어처구니가 11개인 경우 열 번째 이름은 있지만 모습은 알 수 없게 했고, 마지막 11번째 이름과 모습은 모두 의도적으로 알 수 없게 만든 듯하다.

건물 지붕 위 어처구니 수가 다른 이유는 주 건물과 부 건물에 따라 주 건물과 정문에 따라 구별되며 주 건물의 사용자에 따라 다르고 건물의 이름인 건격(建格)에 따라서도 다르다. 어처구니의 의미는 나쁜 기운을 막아주고 재앙이 없도록 바라는 상징적 의미가 있다. 불교 소설 서유기(西遊記)의 등장인물과 불교 인물 삼살보살(三殺菩薩)도 있다. 땅의 神을 나타내는 도교적 요소가 있고 유교는 땅 위에 있고 지붕 위에 불교와 도교가 모두 집을 지켜 주는 의미가 있다.

삼장법사(三藏法師), 손오공(孫悟空), 저팔계(猪八戒), 사오정(沙和尙), 사화상(沙和尙), 이귀박(二鬼朴), 이구룡(二口龍), 마지상(麻知

尙), 삼살보살(三煞菩薩), 가산갑(駕山甲), 나토두(羅土頭), 무명(無名) 마지막 어처구니는 그 흔한 이름조차 없다. 추녀마루에 모형이 각각 다른 사물이 앉아 있는데 전(殿), 당(堂), 각(閣), 루(樓), 문(門), 묘(廟)는 어처구니 수가 각각 다르고 합(閤), 재(齋), 헌(軒), 정(亭)에는 어처구니가 없다.

삼장법사, 대당사부, 손오공, 손행자, 저팔계, 사오정, 사화상, 이귀박, 이구룡, 마화상, 삼살보살, 천산갑, 나토두, 무명(無名) 같은 정전(正殿)이라도 궁(宮)에 따라 어처구니 수가 각각 다르다.

〈의문점(疑問點)〉

1. 짝수 어처구니가 앉아 있다는 점.
2. 내림마루—맞배지붕, 팔작지붕은 적용되지 않는지 의문.
3. 건물에 살고 있는 사람(인물)을 추녀마루에 앉아 있는 사물들이 지켜준다는 유교의 영향이 아닌가 싶다.

※ 어처구니 : 경복궁-670, 창덕궁-434, 창경궁-136, 덕수궁-153, 경희궁-136, 조묘-42, 문묘-58

※ 서울의 도성문-대소문-5, 어처구니-180

칠궁(七窮) 이야기

조선 오백년 동안 아들이 왕 위에 오른 후궁 일곱 명의 신주(神主)를 모신 곳이 칠궁(七窮)인데 육상궁(毓祥宮)이라고도 한다. 자기가 낳은 자식이 조선의 임금이 되었음에도 불구하고 후궁이라는 신분 때문에 수모와 한을 살다 간 일곱 분의 신주를 모신 곳이다. 원래는 육상묘(毓祥廟)를 육상궁(毓祥宮)으로 1753년 개칭되었다.

육상궁은 영조(英祖 1694~1776)의 생모인 숙빈 최씨(淑嬪崔氏 1670~1718)의 신주를 봉안한 곳이다.

연호궁(延祜宮)은 연우궁(延祐宮)인데 표기가 잘못되었다고 한다. 영조(英祖 1694~1776)의 후궁이자 추존왕(追尊王) 진종(1719~1728)의 생모 정빈 이씨(靖嬪李氏 1694~1721)의 신주를 모신 곳이다.

저경궁(儲慶宮)은 선조(宣祖 1552~1608)의 후궁이자 경종(景宗 1688~1724)의 생모 희빈 장씨(禧嬪張氏 1659~1701)의 신주를 모신 곳.

선희궁(宣禧宮)은 사도세자(思悼世子 1735~1762)의 생모이며 영빈 이씨(暎嬪李氏 1696~1764)의 신주를 모신 곳인데 사도세자를 장조(莊祖)로 추존하였다.

경우궁(景祐宮)은 정조(正祖 1752~1800)의 후궁이자 순조(純祖 1790~1834)의 생모인 수빈 박씨(綏嬪朴氏 1770~1822)인데 본관은 반남 박씨로 좌찬성을 지낸 박원준(朴源準 1739~1807)의 딸이다.

덕안궁(德安宮)은 순헌황귀비 엄씨(純獻皇貴妃 嚴氏 1854~1911) 조선 第26대 고종(高宗 1863~1907)의 후궁 순헌귀비 엄씨의 신주를 모신 곳이다.

꽁트 인생(Conte-人生)

관촌과 월하는 처음부터 용전동에 둥지를 틀었을 때 내 집과 월하네 직선 코스로 100M 거리 안에 있었다. 용전동에 살다가 93엑스포 박람회가 끝난 후 전민동으로 훌쩍 이사를 가버렸다. 한 달에 한 번씩 만나서 동동 타령을 좋아했고 노래방에 팥바구리 쥐새끼 들랑거리듯 타령이 끝난 후에 찾아가는 순례코스가 되어버렸다.

몇 순배 돌아가야 유머러스가 판을 쳤고 예산 산골에서, 공주에서 학교를 다녔기 때문에 해양 수산물에는 학식과 경험이 없는 듯 부족한 듯했으나 관촌은 원래부터 바닷가가 고향이기 때문에 바다의 해산물은 해박한 지식을 갖고 있었다. 관촌이 연한 성환 배라면 월하는 껍질이 두꺼운 예산 사과였다. 빛깔이 맑은 한산 소곡주라면 텁텁한 논산 쌀 막걸리였다. 푸른 솔방울 스치는 바람 소리라면 전남 담양 왕대나무 사운대는 소리 격이다. 감성과 시성으로 현대시조를 쓴다면 가슴으로 빌어먹이는 호소력 있는 자유시를 쓸 것 같은 느낌이 든다.

막걸리 몇 순배 돌아갈 때는 두툼한 암퇘지 뒷다리 족발 토막을 뜯다가도 투박한 뚝배기의 왕눈이 크고 앞가슴이 쩍 벌어진 암소를 떠올렸다. 볼품없는 뚝배기지만 구수한 된장 맛을 내는 데는 제격인 몸피가 살팍한 예산 뚝배기, 힘들면 가끔 먼 논산 관촉사 부처님 콧구멍이나 바라보며 눈꺼풀이 몇 번 껌벅이고 묵묵히 쟁기를 몰고 가는 우직한 조선 재래종 암소의 눈, 분명 월하일 것 같다. 작년 한 번 만나서 동동타령을 했었고 노래방도 찾아갔고 재미있게 지냈던 일이 가끔 생각나고 심 봉사가 쓰던 봉사 봉을 들고 다니며 대전역 근방은 출입이 제한되었는지 눈에 띄지 않는다.

박재서 시우와 내가 제일 재미있게 지냈던 일은 단둘이 여행 가방을 짊어지고 마산 산호공원을 찾아갔다. 처음 가본 곳이고 생선이 풍부한 곳이고 공원에는 이름도 모르는 시인들의 시비가 너무 많이 줄 서 있었다. 그중에서 제일 감명을 받은 것은 이은상(1903~1982) 시인의 시비인데 현대시조-가고파 10연 30행이 새겨져 처음 알고 처음 본 일이 지금도 생생하기만 하다.

거제도 해금강을 여객선 타고 관람했고 섬 하나를 몽땅 사유지로 사서 각종 나무와 꽃을 피땀 흘려 가꾸고 관광객을 끌어들이는 먼 장래의 꿈이 현장에서 발견하였고 다도해국립해상공원으로 인생길을 생각해보기도 했다. 여객선을 타고 부산으로 동래온천으로 태종대공원, 금정산 범어사를 찾아갔다.

남사당 놀이

머슴살이 한(恨)만 쌓여 남사당패 무리 끼었는데 한밭 골 남사당패 놀이 들어보소. 솟대쟁이패, 걸립패, 사당패, 떠돌이놀이, 농악놀이, 버다(접시, 쳇바퀴 돌리기) 살판(땅재주), 어름(줄타기), 덧뵈(탈춤), 덜미(꼭두각시놀이), 여섯 마당을 돌아가면 꼭두쇠 밑에 곰뱅이쇠, 놀이꾼들은 뜬쇠, 날라리는 누가 불고 꽹과리, 장구, 북, 징, 벅구는 누가 치고 무동, 버나잡이, 살판쇠, 어름산이 매호씨는 내가 하고 먹중, 노친네, 피조리, 옴중, 장쇠, 대받이, 산받이, 쟁이는 어디 갔나.

스물 네명(24명) 놀이판 벌여 풍물놀이는 인사굿, 판굿, 상쇠놀이, 장고놀이, 벅구놀이, 징놀이, 북놀이, 채상놀이로 넘어 가유! 접시대야, 쳇바퀴 돌릴 때 앵두나무 막대기로 밑에서 뱅뱅 돌릴 때 버너접시와 소리꾼의 재담, 들어 보소. 어름놀이 줄 타는 줄꾼, 어름 산이와 반는 소리꾼, 잽이, 장단, 걸 맞는 기창 들어 보라우. 덧뵈기 탈놀이는 샌님 노친네, 취발이, 말눅이, 먹중, 옴중, 피조리, 꺽쇠, 장쇠, 박첨지 극, 꼭두각시, 놀이로 넘어 가유! 1막에서 11막까지 종막은 박첨지의 에필로그 들어 보라우 뒷말을….

큰 산 하나 기둥 삼아 한세상을 살다 보면, 큰 산처럼 육중한 콘크리트 뚜껑을 들어 올릴 때마다 지친 몸 힘겨워 헉헉거리며 뱃살 가죽은 축 늘어져 창자는 뒤틀리고 등줄기 식은땀은 콸콸 흘러내린다. 시궁창 썩은 냄새 코를 찔러 가쁜 숨을 몰아쉬고 아침 먹은 국수, 라면 가닥이 목구멍까지 치밀어 목젖까지 날름거린다. 뾰족구두 굽 높은 소리는 요란하고 자동차 물결 속에 뒤범벅이 된 채, 삐걱거리는 사람들 숲속에 끼어 허우적거리는 가난이 남기고 간 노동자의 눈망울 한(恨) 울음 섞인 미움을….

악착같이 입술을 깨물고 기를 쓰며 험난한 파도 물결을 헤쳐 넘어가야지, 맑은 마음 용솟음치는 패기로 넓은 하늘 우러르며 영겁을 두고 하얗게 살고파. 인생은 텅 빈 껍데기여! 껍데기만 남는다고! 나그네 인생길은 몇 구비나 돌아가던 게냐? 안병욱(安秉煜 1920~2013) 철학 교수는 시조의 샘터에서 인생의 길을 다음과 같이 설명하고 있다. 인생이 살아가는 길은 생득도(生卽道)요, 나 홀로 가는 길이 덕행도(獨行道)라고 한다.

우리 사회에 더불어, 함께 가는 길이 동행도(同行道)요, 고생하며 걷는 길이 고행도(苦行道)다. 바른길로 가라는 길이 있다. 정행도(正行道)가 바른길이다. 자! 떠날 때는 왔다. 우리들은 우리 길을 가야 한다. 나는 죽으러 가고 여러분은 살러 간다. 누가 더 행복할 것이냐? 오직 신(神)만이 안다. 기원전 399년 전 봄 70세의 노학자 소크라테스(기원전 BC.470년경~ 기원전 399년)는 그리스 아테네 법정에서 사형선고를 받고 아테네 시민에게 외친 말이다.

에밀레 맥놀이-밀레(1814~1875)의 만종-내타형(內打型)-상원사 봉덕사의 종-외타형(外打型), 한국 종(鍾)-외타형인데 아랫도리가 오므라

들어 나는 소리를 종벽 속에 가두어 아껴가며 흘러내기에 맥놀이가 생겨 여운이 길다. 경주 봉덕사의 종은 구천(九天)을 상징하는 아홉개의 종유(鐘乳) 종소리가 스러져도 떨림이 남아 맥박을 감지하듯 맥놀이가 옮겨가 마음에 파장이 접속되어 경건하지 않을 수 없다.

종벽에 비천상(飛天像)-천녀(天女)가 천의(天衣)로 날게 현실계에서 초월계의 상념의 비상을 시간적으로 구현시킨 비천상(飛天像) 일승(一乘)의 원음(圓音)을 들려주고자 주조했다. 일승(一乘)은 여래(如來)의 가르침에 중생을 태우고 생사를 초탈시킨다는 뜻이요, 원음(圓音)은 부처님의 가르침이다.

에밀레를 듣는 것은 맥놀이를 타고 차원(次元)을 환승(換乘)한다는 것이고 성덕대왕 신종은 국보 29호로 12만근, 18.9 톤이다. 맥놀이 현상은 주파수 차이가 근소한 두 개의 파동이 서로 간섭하면서 진폭이 주기적으로 변하는 합성파가 이루는 현상이며 우웅, 하는 일종의 여운이나 끊어질 듯 소리가 다시 이어지는 현상 등이 맥놀이 효과로 발생한다.

미학(美學) 속의 안개 위상(位相)

영국 시인 브라우닝(1806~1861)은 다가오고 있는 죽음을 목구멍에 낀 안개로 표현했고 러시아 소설가 디킨스(1812~1870)는 산허리에 감긴 안개를 쉴 곳을 찾지 못해 헤매는 악령의 배회로 비유했으며 송강 정철(松江 鄭澈 1536~1591)은 안개 앞에서 속인으로서의 자신이 콩알처럼 작아졌다고 비유했고 영국 올드파 장수 노인은 최고급 명주로 10명의 임금이 갈리고 152년을 살았다고 하며 런던 궁전에 초대되어 안개가 원흉이고 공포의 대상, 이미지가 안개였다고 말했으며 서유기-손오공은 구름 타고 주유천하를 안개 낀 곳은 임금이 표독하고 백성이 강상 전락하여 관리 탐욕이 여인의 유한(有限)과 같다고 말했다.

한국인의 정서는 밝음보다 으스름을 좋아하는 안개의 품이 제격이고 한국의 500개 대중가요도 안개어휘 빈도는 10위 안에 든다고 했다. 한국 미술의 수묵화(水墨畵), 취무(吹霧) 화법도 먹을 입으로 뿜어 화면에 안개 효과를 내는 화법도 있어 존재 공간과 초월공간을 넘나들어 정서적 다리(교량, 橋梁)를 한다고 했다. 먹의 농담 일곱 가지 기름을 박(簿), 담(淡), 잔(殘), 차(次), 중(中), 심(深), 농(濃)으로 구별하고 으스

름의 다양화를 취묵(翠墨), 무묵(霧墨)으로 대별하여 미학 속의 안개 위상을 높이고 있는 현실이다.

우리나라의 음력 12월 23일은 하늘에 올라가 입을 다물거나 좋은 말만 하게 하려고 붉은 종이에 부엌신의 조앙 신, 입에 아교를 바르거나 꿀 먹이는 사람들 한국인들의 전통 슬기를 엿볼 수 있고, 캐나다의 북쪽 헤어 인디언들은 아이를 눈 위에 던져 추위를 적응시키는 지혜가 내포되었고, 중국 사천성 지방은 소금에 꿀을 섞어 고진감래(苦盡甘來)의 인생 교훈이 내포되었고, 중세 유럽 농촌에서는 온몸을 칭칭 감아 나뭇가지나 기둥에 걸어 놓고 일하러 나가고 한국 여인들은 아기를 끌어안거나 뉘어 놓고 가슴을 다독거린다.

어머니의 대동맥을 통해 자궁 안 양수에 전도되는 심장의 고동 소리를 자라며 갓난아기는 어머니의 심장고동소리 이외에는 모두 불협화음이고 고동소리를 듣지 않으면 불안해져서 울거나 보채게 된다고 말하고 있다. 옛날 어머니들의 왼쪽 유방이 큰 짝 젖은 왼쪽 심장 소리를 들려주어 아기를 안정시키려고 전통 자장가 박자와 아기 다독거리는 박자가 1분간에 70여 회 뛰는 심장 박자와 비슷하다고 한다. 미국의 어머니들은 아기를 달랠 때 두 팔로 들어 올려 심하게 좌우로 흔드는 충격요법을 시도하고 있다.

신라 때 화랑도의 성인식은 김유신(金庾信 595~673) 15세, 사다함(斯多含, 생몰 미상) 15세, 김용령(金龍靈, 생몰 미상) 15세, 백운이(白雲怡, 생몰 미상) 14세, 김품일(金品日, 생몰 미상) 장군의 아들 관창(官昌 645~660) 16세, 성년의 고행을 보면 동구 밖 들돌을 들어 올려 오래 버티기, 동아줄 붙잡고 맴돈 뒤 비틀거리지 않아야 하며 양주지방 백운내 정상 갈라진 바위 내림을 뛰어넘는 담력을 길렀다고 한다. 간담이 서

늘할 정도다. 마음에서 마음으로 전달되는 것이 이심전심(以心傳心)이던가?

오늘날 2014 영국 런던세계올림픽대회에서 하늘의 별 따기보다 더 어려운 금메달이 쏟아지고 있다. 도마 위를 힘차게 뛰어넘어 하늘을 나는 제비처럼 몸을 비틀어 돌려 공중회전을 하고 사뿐히 내려서는 착지 자세가 뛰어난 한국체조 52년 만의 금메달 양학선 체조선수의 멋진 모습은 한국인의 깨끗한 기상이 돋보인다. 가난 속에 허덕이던 양선수의 어머니 마음과 양선수의 여자친구 마음은 어떠했을까? 가슴 벅찬 기쁨과 눈물!, 그 감격!, 잊혀 지지 않을 것 같다고 생각했다.

가슴이 뭉클한 이야기가 현실에서 경험한 오늘날의 이야기가 아닌가? 내 자신도 이렇게 가슴 뭉클한 얘기가 있으련만 머릿속이 텅 빈 껍데기처럼 생각나지 않는 일이 한두 번이 아니다. 아마 저승 갔다 온 이야기가 아닐까 생각한다.

사랑의 매

내가 네 살 되었을 때 할아버지 훈장하시며 조선 초기 4대 명필인 석봉 한호(石峯 韓濩 1543~1605), 안평대군 이용(安平大君 李瑢 1418~1453), 자암 김구(自庵 金絿 1488~1534), 봉래 양사언(蓬萊 楊士彦 1517~1584)의 하나인 한석봉 천자문을 배우게 되었는데 책 표지를 헝겊으로 풀칠 도배하였고 인두로 다려준 천자문이다.

이슬 로(露), 맺을 결(結), 할 위(爲), 서릿 상(霜)을 배울 때 하위자를 까먹어서 목침 위에 올라서서 사랑의 매를 맞았다. 50세 장년이 사나운 짐승이나 새가 자랄 때 어미로부터 고된 아픔과 고난과 자조의 시련을 받는다. 사자는 열 길 벼랑에서 밀어 떨어뜨리고, 매는 새끼에게 먹이를 줄 때 깃에서 뛰어 오르지 않으면 받아먹을 수 없게 하여 높은 나무 아래로 떨어지게 하며 상처를 입힌다. 낙상매(落傷鷹)라 하여 어느 매보다 사나워 사냥 매로서 값을 세 곱절 비싸게 쳤다. 훌륭하게 자라도록 하기 위한 어미의 매질, 고대 그리스 스파르타 축제일 회초리 치는 날, 고대 로마 공화정 말기 철학자 키케로(기원전 406년~기원전 43년)가 써 남긴 것, 선택 받은 소년들이 여신상에 발에 손을 잃고 회초리를 맞는데 보다 오랫동안 보다 가혹한 회초리일수록 환호를 받는다.

일종의 성인식인데 젊은이들에게 곤궁, 결핍, 노동의 고통을 감내하게 하는 인생수업이다. 회초리 문화가 한국 선현들을 모신 문묘(文廟)의 앞뜰에는 맷돌(편대, 鞭臺)이 있었다. 과거에 급제한 생원 진사가 양심에 부담되는 일을 저지르면 이 맷돌 위에 올라서서 스스로의 등짝을 회초리로 쳐 자책을 했다. 한국의 노블레스 오블리주-곧 엘리트의 정신적 기틀을 유지하기 위한 방법이다.

고암 이응로(顧庵 李應魯 1904~1989) 가훈에 50세 장년이 70세 노모에게 종아리 맞고 운다. 아파서 우는 게 아니라 늙으신 노모 힘 빠진 것이 서러워서 운 것이다. 자손들이 매 맞을 짓을 하면 그 자손을 앞세워 조상의 무덤을 찾아간다. 회초리 한 줌 꺾어 그 아들이나 손자에게 쥐어주고 자식 잘못 가르쳐서 조상을 뵐 낯이 없다고 하고 상석 위에 올라서서 피가 흐르도록 종아리를 치게 했다. 이렇게 간접 회초리로 버릇을 들이는 것을 조상(祖上)매 라고 했다.

옛날 시장에 나오는 질 좋은 빗자루를 서당 비라고 했다. 아들 놈 서당에 맡긴 부모들이 한 달이면 한 번 씩 산에 가서 나긋나긋한 회초리 한 묶음 꺾어서 내 자식이 회초리 다 닳도록 쳐서 사람 만들어 달라고 맡긴 싸리가 남아돌았기로 비를 엮어 부수입으로 삼는 일이 관행이었다. 서당(書堂)비가 풍부했던 회초리 문화의 상징도 지금은 사랑의 매로 증발했고 이러한 날개들이 즐비한 사도(邪道)타고 스승의 날을 맞이한다. 오늘날은 유치원 교사들의 폭행으로 국회에서도 골치가 아픈 모양이다.

우리 사회에서 결혼 60년이 되고 양쪽 부모가 모두 살아 있어야 경사잔치를 하고 회혼(回婚)이라고 한다. 작년 2014년이 결혼 50주년(금혼)

을 지낸 바 있다. 영국에서는 결혼 5주년을 목혼식(木婚式), 15주년을 동혼식(銅婚式), 25주년을 은혼식(銀婚式), 결혼 50주년을 금혼식(金婚式), 60주년을 금강혼식(金剛婚式 回婚)이라고 축하해 주고 미국에서는 금강혼식을 결혼 75주년으로 연장하고 상혼(商魂)으로 12년을 피혼식(皮婚式), 20년을 도자혼식(陶瓷婚式), 30주년을 상아혼식(象牙婚式), 40주년을 모직혼식(毛織婚式), 45주년을 견직혼식(絹織婚式)으로 잔치를 해 드린다.

우리나라는 증보문헌비고(增補文獻備考)를 보면 조선정조 때 100세 노인이 근력이 왕성하여 육, 칠, 십, 세 같고 회혼(回婚)이 지난 지 10년이 넘었고 검정(흑발, 黑髮)머리에 이(치, 齒)가 새로 나고 얼굴이 광채가 빛나고 슬하에 74명의 자손이 있어 국가의 상서로운 징조라고 생각하여 임금이 직접 쌀과 고기를 하사(下賜)했다는 기록이 보인다.

성(性)희롱(戱弄)

한국의 성희롱 전성기 역사는 조선 광해군 때 한국 야사를 보면 짐작할 수 있을 것이고, 삼국시대부터 성희롱이 있었는지는 자세히 알 수 없으나 신라 진성여왕과 각간 위홍과의 스캔들은 성희롱을 짐작하고도 남음이 있을 것이다.

원숭이는 털을 만져주고 벼룩을 잡아 주는 일로 시작하여 암컷이 수작을 부리고 수컷이 도망치는 일을 동물원에서 많이 보았을 것이다. 인도 아래에 있는 섬, 실론 원주민은 여자가 마음에 든 남자에게 접근 엉덩이를 쳐 구애하는 풍습이 있고, 고대 일본에서는 여자가 남자의 허리를 안고 허리띠 두르는 것으로 짝짓는 풍습이 만엽집(萬葉集)에 나온다.

발 마사지 관광 상품으로 전성기를 맞이한 때도 있었다. 그리스 희랍 로마 귀족 여성들의 성감대 자극행위로 전통이 유구하다. 계집종에게 발바닥을 간지럽게 하는 일이 관례이고 러시아 안나 여 황제는 마음에 드는 사내 시종을 불러들여 발바닥을 주무르게 했다. 카사노바(1725~1798) 자서전을 보면 귀족이나 부잣집 마님들은 스타킹을 신고 벗을 때 그 밴드를 사내 시종을 불러 풀게 했다.

프랑스 대혁명 후 19세기 중엽 시민사회는 머리는 좀 모자라지만 육체는 풍만하고 교양이나 취미가 다양하며 자유분방한 중간 여인 층이 형성되어 문인, 예술가가 집산하는 살롱 마담을 도맡았는데 성희롱 상식화가 되었다고 한다.

한국 옛날 산촌 텃세 부리는 억센 토박이 여인은 새로 들어온 머슴이 나무 짐 지고 샘터 앞을 지나가면 몰래 지게 뒤로 기어들어 이 총각 바지춤을 끌어내려 못 볼 것을 드러내놓게 해놓고 샘가 여인들은 폭소를 야기시키는 성희롱이 있었다. 글깨나 안다고 거드름을 피우는 이가 있으면 그 양반이 측간(화장실)에 들어간 것을 숨어 보았다가 측간 문(화장실 문)을 열어젖혀 하반신 드러내고 당황케 하는 우세를 시키기도 하였다. 송남잡식(松南雜識) 문헌을 보면 늙은 과부는 백상계(白孀契) 젊은 과부는 청상계(靑孀契)를 맺고 날을 잡아 젊은 총각을 납치 성희롱을 하는 풍습이 적혀있다.

판소리 심청전에서 뺑덕어멈 행실, 도를 보면 뒷집 머슴 떡 사주고 코 큰 총각 술 사주어 방안에 끌어들이는 것도 한국적 성희롱으로 보았고 여성만이 성희롱당하는 것이 상식인데 여자가 대부분 직장의 성희롱 피해 남성이 우리나라의 첫 승소 판결을 받아 낸 사실도 있다.

중국 문헌 『요재지이』(聊齋志異=중국 청초(淸初). 포송령, 蒲松齡 1630~1715)가 쓴 괴기소설집을 보면 사람은 남에게 알리고 사는 서푼(삼분, 三分)과 숨기고 사는 칠푼(칠분, 七分)이 조화돼 있어야 마음이 안정된다고 한다. 1990년대 세계여성 정치인을 보면 파키스탄 총리 베나지르 부토, 뉴질랜드 총리 헬렌클라크, 핀란드 대통령 할로렌, 스리랑카 대통령 차드리카, 쿠마르퉁가, 인도네시아 대통령 메가와디, 필리핀 대통령 아로요, 미국상원의원 힐러리, 독일 총리 마르켈, 한국 대통령 박근혜도 한국여성 국회의원 비율이 5.9%(273명 중, 16명) 세계 160여 개국 중 92위, 2001. 3월 I.P.U 발표, 세계평균여성 의원 비율 13.8%, 절반 수준도 못 미친다.

회혼가(回婚歌)는 옛날 서왕모(西王母)가 팔천년 살았어도 요지연(瑤池宴) 배설할 때 해로동석(偕老同席) 못 하였고 낙낙장송 베어다가 쉰, 폭 차일 괴어 놓고 시집, 장가 갈 때 입었던 사모관대 족두리 장삼, 갈아입는다. 회혼 위해 간직했던 합근(合巹) 잔에 술을 담아 두 부모가 입을 댐으로서 잔치는 절정이 되고 60년전 동심일체를 서약하는 합근례(合巹禮) 때 썼던 청실, 홍실, 늘어뜨린 표주박 술잔으로 평생 두 사람의 금실을 지켜 왔던 사랑의 감시자다.

60세가 넘었을 아들을 때때옷 입히고 헌수상(獻壽床) 앞을 기어 다니며 응석과 어리광을 부려 노부모를 옛날로 돌아가게 했던 회혼 경로 문화도 한국 땅에서 찾아볼 수 있을지 의심이 많이 가는 일로 남아 있다.

여인열전(女人列傳)

홍씨 소녀는 불과 아홉 살 때 세자빈에 간택됐지만 자기 임무를 누구보다 더 잘 알고 있었다. 아버지 홍봉한(洪鳳漢 1713~1778)이 언니의 혼수를 헐면서까지 간택에 임하게 한 것은 낙과(落科)를 거듭한 인생의 전환을 위해 승부수를 던진 것이었다. 과연 간택 다음 해 홍봉한은 별시 합격해 국왕의 사돈이 된 혜택을 만끽했다.

장인의 합격 사실을 알려주며 기뻐할 때만 해도 사도세자(思悼世子 1735~1762)는 장인이 정적으로 등장할 줄은 몰랐을 것이다. 혜경궁 홍씨(1735~1815)는 세자가 대리 청정한 지 삼 년째인 1752년(영조 27년)에 정조를 낳아 지위를 튼튼히 했고 홍봉한은 고속승진을 계속했다. 혜경궁은 부친을 따라 노론 당인이 되었는데 세자빈이란 위치는 당내에서 상당한 영향력을 갖게 만들었다.

그러나 세자가 반노론, 친소론의 정치성향을 갖게 되면서 행복한 날은 끝났다. 영조 31년 나주 벽서사건은 소론 온건파의 제거와 탕평책의 붕괴를 뜻했고 소론을 지지하는 세자는 고립되어 갔다. 급기야 노론은 세자 제거를 당론으로 확정했다. 노론 영수 홍봉한은 세자빈에게 당론을 따르라고 요구했다. 세자 대신 세손(正祖 1752~1800)을 세우겠다는 약속을 세자 제거의 명분으로 삼았다. 그녀는 세자에게 가는 정보를 통제하고 세자에 대한 정보를 노론에 제공했다.

한중록에서 그녀는 영조의 연설(筵說, 경연 중에 한 말)이 사도세자에게 들어가기 전에 특정한 부분을 고치거나 (자신이) 내관에게 친히 말해 빼버리게 하고 이 사연을 선친께 기별했다. 스스로 밝히고 있다. 혜경궁에게 세자는 정적 이상도 이하도 아니었다. 그녀는 자신의 정치적 역할을 냉혹하게 수행했다.

안팎으로 고립된 세자가 후견자로 택한 인물이 소론 영수 조재호(趙載浩 1702~1762)였던 점은 세자 부부의 비극적 관계를 극대화시켜 보여준다. 조재호는 형수 효장세자 빈의 오빠였던 것이다. 홍봉한, 홍계희(洪啓禧 1703~1771) 등 노론 영수들은 노론 윤급의 청지기 나경언(羅景彦, 생몰미상)을 매수해 세자를 역모 고변하는 승부수를 던진 것이다.

고변을 들은 영조(英祖 1694~1776)는 오늘 조정 신하들의 치우친 논의가 부당(父黨, 영조의 당), 자당(子黨, 세자의 당)이 됐다고 한탄한다. 사도세자의 본질을 말해주는 사례다. 세자는 장인뿐만 아니라 아내인 혜경궁까지 자신을 제거하는 데 가담했다는 사실을 잘 알고 있었다. 세자가 학질을 핑계로 죽음에서 벗어나려 세손의 휘항(揮項, 방한모)을 요구하자 혜경궁은 세손 것은 작다며 당신 것을 쓰라고 대답했다. 이에 세자는 "자네가 참 무섭고 흉한 사람일세. 자네는 세손 데리고 오래 살려 하기에 오늘 내가 나가서 죽겠기로 그것을 꺼려 세손 휘항을 안 씌우려는 심술을 아겠네."라고 말한다.

영조에게 뒤주에 관한 아이디어를 제공한 인물은 홍봉한이었다. 세자가 뒤주에 갇혀 신음하는 여드레 동안 혜경궁은 세자를 구하기 위한 아무런 노력도 기울이지 않았다. 뿐만 아니라 다급해진 세자가 뒤주에 갇히기 직전 조재호를 부른 사실을 홍봉한에게 알렸다. 한쪽 사람들(노론)이 모두 세자에게 불충했으나 나는 동궁을 보호하고 있다는 말을 했다는 이유로 죽게 만든 것이다. 혜경궁은 자신의 아들인 세손에게 위협이 몰리자 당과도 맞섰다. 뒤주에서 죽은 세자의 아들에게 대권을 줄 수 없다고 판단한 노론은 세손 제거를 당론으로 정했다.

크게 반발한 혜경궁은 세손 제거 작업을 주도하는 숙부 홍인한(洪麟漢 1722~1776)에게 편지를 보내 중지를 요구했고 당내에 상당한 지분이 있는 혜경궁의 반발은 노론의 일사분란(日射紛亂)한 당론 집행을 어렵게 했다. 혜경궁의 의도대로 1776년 정조는 임금이 되었다. 그러나 그는 모친과는 다른 정견을 갖고 있었다. "아! 과인은 사도세자의 아들이다."라는 즉위 일성과 함께 정조는 부친 비극의 단죄에 나섰는데 이는 곧 외가에 대한 공격을 뜻했다.

정조 즉위 동부승지 정이환(鄭履煥 1731~?)이 홍봉한, 홍인환을 공격하는 상소를 올리고 성균관과 사학의 유생들이 "홍봉한의 한 가닥 목숨이 끊어지기 전에는 군신 상하가 편히 먹고 잘 수 없다."고 가세했다. 홍인한과 정후겸(鄭厚謙 1749~1776)은 사형 당하고 김귀주(金龜柱 1740~1786) 등은 유배 가는 등 과거사 청산 작업이 수행되었다. 혜경궁은 이런 청산 작업 중에서 부친을 보호하기 위해 모든 힘을 다 쏟았다.

사궁(慈宮)께서 요즘 수라를 드시지 않고 침수(寢睡, 잠자리) 편치 못하다는 정조의 말대로 그녀는 아들을 상대로 단식투쟁도 불사했다. 그러나 혜경궁의 친정은 완벽하게 몰락했고 재위 24년 만에 정조가 죽고 순조(純祖 1790~1834)가 즉위하자 비로소 친정 재건에 나섰다. 그녀는 사도세자 사건을 자신과 가문의 자리에서 정리할 필요성을 느끼고 한중록(恨中錄)을 저술했다. 혜경궁은 한중록에서 정조(正祖 1752~1800)가 자기 칠순(갑자년) 때 친정을 복권시키기로 약속했다고 주장했다. 물론 정조의 이런 말을 들은 사람은 달리 아무도 없었다.

갑자년에 친정을 신원하려는 의도는 성공하지 못했다. 하지만 사도세자의 비극은 정신병자인 세자와 정신병자에 가까운 이상 성격자인 영조 사이의 충돌의 결과이지, 자신의 친정은 아무런 관련이 없다는 한중록의 메시지는 후대 사람들의 뇌리에 각인됐다. 역사에 던진 그 녀의 마지막 승부수는 성공한 셈이다.

한중록(恨中錄)

조선시대 제21대 영조(英祖 1694~1776)의 둘째 아들인 사도세자(思悼世子, 莊祖로 추존 1735~1762)의 빈(嬪) 혜경궁 홍씨(1735~1815) 추존왕비-인현왕후가 지은 내간체의 책이다. 영조가 사도세자를 뒤주 속에 가두어 굶겨 죽인 실제의 참사를 중심으로 홍씨가 말년에 자기의 일생을 회고한 만록(漫錄)이며 사실 기록이다.

한글로 쓰여 있으며 원본은 전하지 않고 사본만 있는데 인현왕후(仁顯王后 1667~1701) 전(傳)과 함께 조선 궁중문학의 백미이다. 혜경궁 홍씨의 본관은 풍산 홍씨, 영의정 홍봉한의 딸이다. 정조(正祖 1752~1800)의 어머니이고 1744년(영조 20년) 세자빈(嬪)에 책봉되었으나 시파와 벽파의 당쟁에 휘말려 1762년 남편 사도세자가 뒤주에 갇혀 죽는 비극적 한국의 브리태니커(Britannica)이다.

아들 정조도 의문의 죽음을 정약용(丁若鏞 1762~1836)의 저서에 확신하고 있으며 297통의 정조 어찰은 어제의 정적을 오늘날의 동지로 품어 더 나은 조선을 만들고자 바라는 의지가 담겨져 있다. 갓난아기를 버리는 것이 기아(棄兒)라고 하고 업둥이는 남의 집 앞에 버린 아기를 업동(業童)이라 하고 업(業)은 전생의 소행으로 현세에 받는 응보로 그 아기가 문전에 버린 것은 우연이 아니라 업보(業報)라는 필연으로 받아들였던 자체가 그렇다.

그 집안에 재산을 늘려주고 지키는 사람이나 짐승은 업(業)이라 했으니 업둥이는 복(福)과 재물을 불러오는 아기라는 인식도 깔려있다. 문전에 와 있는 그 업둥이를 어떻게 외면하고 버릴 수 있는가? 아들이면 자손이 귀한 집을 찾아 버렸고 딸이면 무당(巫堂)집 문전에 버렸다. 그렇게 길러서 가계를 잇고 무당을 세습 전통 무가에 버리떼기(사희, 捨姬), 비중 큰 것이 알 만하다.

이렇게 업과 연결이 되거나 부처님의 자비 품안인 산문(山門) 앞에 버려 절에서 길렀다. 역대 고승 가운데 산문 업둥이가 많았으며 마지막 황비(皇妃) 윤씨(尹氏)가 만년에 의지했던 만향(萬向) 스님도 통도사 산문 앞에 버려진 업둥이였는데 노란 금부처가 되어 그 앞에 쌓인 엿이랑, 곶감이랑 집어 먹고 살면 좀 좋겠느냐는 어머니의 설득을 기억하고 있었다.

인공위성(人工衛星)

오늘날의 과학은 놀라울 정도로 발달하였다. 자연과학이나 생명과학, 천문과학은 폭넓은 대상의 학문을 바탕으로 급속도로 팽창 발달되었음은 과학 문명을 입증하고도 남음이 있을 것이다. 우리나라의 과학도 위대한 조국 발달의 원자핵처럼 팽창되었고 이러한 과학 세계에서 자라나는 어린이들의 먼 장래성을 내다보고 희망 꿈을 과학위성으로 선택한 이유도 바로 여기에 있다.

21세기에 접어든 오늘날은 국제우주정거장을 우주에 떠 있는 일류의 유일한 상주 시설로 우주탐사의 전초기지다. 우리나라가 2008년 4월 8일 5시 40분 탑승, 6시 16분 39초 카자흐스탄 바이코누르 우주기지에서 발사되어 2008년 4월 10일 오후 10시 9분 도킹 소유즈 TMA 12호를 타고 우주비행사 이소연 씨가 국제우주정거장을 갔다가 2008년 4월 10일 오후 10시 9분 도킹, 소유즈 TMA 11호로 바꾸어 타고 지구로 돌아왔다.

지금 국제우주정거장을 건설한 지 10년 만에 금속 찌꺼기를 대청소하고 접합 부분에 유활유를 바르고 고장 난 태양전지판 모터를 수리하고 세 명이 상주하던 우주공간을 여섯 명으로 증원시켜 우주 생활 용품을 실어 나르는 우주왕복선 인데버호가 국제우주정거장을 갔다. 우리나라의 인공위성은 우리별, 무궁화, 아리랑이 있고 우리별 1호, 2호, 3호. 무궁화 1호, 2호, 3호. 아리랑 1호가 있는데 과학위성 1호를 세계에서 여덟 번째로 2003년 9월 26일 우주로 쏘아 올렸으며 현재 우주 발사는 11년 동안 총 8개로 1.4년마다 1개꼴을 발사하였다.

세계에서 11번째 위성 발사가 많은 나라이며 과학위성 1호는 116억 원으로 한국 최초 우주망원경, 원자외선분광기를 실은 것이 특징이다. 과학위성은 우주망원경을 우리나라 처음으로 실었고 통신위성은 2006년 네 번 째 위성을 발사했으며 기상위성은 2008년, 항양기상위성도 발사되었다. 한국 최초 우리별 1호 성공은 KAIST(한국과학기술대) 초대 총장을 역임했던 최순달(崔順達 1931~2014) 박사의 걸작으로 1992년 8월 11일 중남미 기아나 쿠루우 기지에서 쏘아 올린 50×50×80cm 3의 질량 50kg 전원 5년 수명을 가진 칼륨비소 태양전지이고 공전주기는 110분으로 지구를 3회 공전한다. 밤하늘 별똥별 인공위성이 은하수를 건너간다.

전남 고흥 나로우주센터가 2009년 개관했는데 수학여행 온 아이들이 너무 많았고 2010년 3월 27일 처음으로 방문하여 과학관도 관람했고 노인들은 무료지만 일반인들은 3,000원씩 관람료를 받고 있었다. 아리랑 3A호는 다목적 실용위성이 대륙 간 탄도 미사일을 우주로켓으로 개조한 3단형 드레프르로 한국항공우주연구원(항우연)이 2006년부터 8년에 걸쳐 개발했다. 우주에서 지상에 있는 50cm 크기의 물체를 식별할 수 있는 정밀과학렌즈를 탑재하고 있으며 특히 열을 감지해 영상으로 보여주는 적외선 관측 센터를 국내 최초로 탑재해 밤이나 악천후에도 지상의 물체를 감시할 수 있다. 개발비는 2359억 원이며 아리랑3A호는 발사 후 4년간 528km 상공을 돌며 재해, 재난, 환경감시, 각종 자원 이용, 실태 파악 등에 활용될 예정이고 러시아 측 사정으로 세 차례나 발사가 연기됐다.

현재 한국은 아리랑 2호, 3호, 5호 등 다목적 실용위성을 활용하고 있다. 아리랑3A호가 2015년 3월 26일 7시 8분 러시야스니 발사장에서 드래프르 로켓에 탑재돼 발사되었다. 위성의 크기는 직경 2m 높이 3.8m, 폭 6.3m 전체 무게는 1.1t이다. 아리랑3A호는 발사 후 893초 뒤 537km 상공에서 위성이 발사체에서 분리되고 발사 32분 뒤 남극에 노르웨이 KAST사의 트롤(Troll)지상국과 첫 교신을 한다. 대전에 있는 항우연 지상국과 처음 교신을 성공적으로 진행하였다.

제4부

꽃에서 시를 줍다

화장품(化粧品)

분꽃은 밤에만 피어 뒤란 돌담 밑 장독대가 가린 보이지 않는 곳에서 길렀다. 씨앗을 갈면 가루분이 되고 그 꽃분을 바르면 얼굴이 달빛 같은 은은한 기운이 돈다는 전통 백미 화장법(白眉 化粧法), 얼굴을 곱게 보이려는 행위는 양가에서 알 짓이 아니라는 체면 때문에 숨어서 기른다고도 하고 중국 사신이 오면 얼굴 희어진다는 조선 꽃분이 뇌물로서 선호되어 그 수탈을 피해 숨겨서 기른다고도 했다.

분꽃 민요는 달아 달아 밝은 달아 / 월궁항아(月宮姮娥) 노던 달아 / 밝게 밝게 비추어서 / 꽃분 속에 스며들어 / 향아처럼, 하얀 얼굴 / 우리 임이 반기게끔… 밤에만 피어 달의 몽환적인 기운을 흡인해 두었다가 그 기운을 여인의 얼굴에서 재현시킨 것이다.

독일 관념철학자 헤겔(1770~1831)이 살아 있는 것 가운데 가장 아름다운 것은 극락조(極樂鳥)일 것이나 그 아름다움은 위로부터 빛을 받아 영롱할 뿐이다. 사람의 살결은 내부에서 빛이 스며 나와 아름답다. 한국 여인이 피부에서 추구했던 아름다움은 어스름히 스며 나오는 월백미(月白美)였다.

서양은 아마 색 머리에 하얀 얼굴 파란 눈동자의 블론드였다. 성모나 천사는 모두 블론드요, 악마는 검은 머리 검은 눈동자에 흰색 아닌 얼굴을 하고 있는데 예외가 없다. 페트다르카(1304~1374) 서정시에 나오는 연인 라우라는 석고 같은 흰 얼굴에 파란 눈이요, 독일 중세 영웅 서사시 니벨룽(1873~1883)의 노래 여주인공은 밤에도 주변이 밝을 정도의 하얀 얼굴이다.

19세기 중엽 유럽 저명 미술관에 걸렸던 초상화 가운데 블론드 아닌 것이 하나도 없다는 지적도 있다. 19세기 후반부터 북구형 블론드에서 남구형의 갈색 피부에 검은 머리 검은 눈동자의 블루넷 선호가 웃돌아 오늘에 이르고 있으며 인권 인종 차별과 맞물려 반 백색 피부운동으로 번져 나가고 있다. 피부 미백의 과장 광고로 1g당 값이 금값보다 비싼 수입 화장품이 당국에 적발 말레이시아 이백화장품 광고가 인종차별주의 소행이라 하여 이를 규제하는 입법을 서두르고 있다. 백산군림 시대는 가고 한국 여인의 월백 미색 같은 고유미 시대의 자연스런 반등이 아닐 수 없다.

(조선일보 2002. 5. 20 참조)

시묘(侍墓)살이

예안 이씨(禮安 李氏) 이간(李柬 1677~1727), 조선 후기 예송논쟁의 주역 송시열(宋時烈 1607~1689), 그 제자 권상하(權尙夏 1641~1721), 학맥 계승, 강문 팔학사(江門八學士) 중 한 사람. 노론 예학 이득선((李得善 1946~69세), 상례에 따라 3년 동안 교과서대로 실천한 사람이다.

한양대학교 토목과 조교 3년 동안 머리와 수염을 깎지 않고 신발은 짚신, 머리에는 굴건, 옷은 제복을 입고 생활, 허리에 매는 허리띠는 왕골, 볏짚, 마 껍질을 꼬아서 만들었는데 무게가 5근, 3kg 되었다. 집에서 묘소까지 3km 걸어서 50분, 묘소 옆 원두막 집 생활, 겨울에 눈이 오면 묘소에 내린 눈을 양손으로만 치웠다. 손 시리다고 빗자루는 망자에 대한 불경. 3년 시묘를 1972년에 끝냈다.

집안 가풍을 잇기 위해서 현대의 실용주의 관점-사명감. 주한외국대사도 방문하였고, 시묘살이의 유교적 의미는 죽음에 대한 성찰로 해석하였다. 죽음을 철저하게 사색 삶의 태도가 변화되어 죽음에 대한 사색은 삶이 지닌 무거움을 해방 시켜 주는 작용을 한다. 예학 정신은 타인의 배려 사랑채, 부엌, 마루 용도는 거지에 대한 배려로 아산시 외암리

참판 댁. 광복 이전까지 하루에 열 서너 명. 60~70년대 평균 서너 명. 밥 한 그릇, 국 한 그릇, 김치 한 그릇, 소반 상차림, 사랑채, 부엌, 소여물 끓이는 곳, 거지 따뜻한 온기, 편안한 식사, 배려가 이씨 집안의 전통이었다.

전통 조선 고종 때 이조참판 이정열(李貞烈 1866~1949) 을사보호조약 이후. 경의선, 경북선 철도 부설사업, 금광채굴, 국가기간산업, 일본인들 함정, 강탈, 고종 임금에게 20번 상소. 상소문 올려야 효과가 없자, 임금이 참석하는 아침 조회시간에 등불을 들고 말을 거꾸로 탄 채 출근하는 방식, 국왕에 대한 엄청난 불경, 수위가 저지하자, 죽음을 무릅쓴 행동, 나라가 지금 그믐 밤중처럼 깜깜한 상황이라서 등불을 들었다.

말을 거꾸로 탄 이유는 주변 호위병들이 칼을 내리칠 때 이를 피하지 않기 위해서 정면을 보고 들어가면 자기도 모르게 무의식적으로 칼을 피할 수 있지만, 뒤로 들어가면 볼 수 없으므로 뒤통수 쪽으로 내리치는 칼을 받고 그 자리에서 죽을 수 있다는 생각에서였다. 황성신문 연 3일 이정열의 강직함을 가리켜 조선에도 봉황이 울었으니 아침 햇볕이 내리 쬐일 것이다. 봉명조양(鳳鳴朝陽)이라고 한탄하였다.

조선 고종에게 바친 연꽃 술 이간 집안의 연엽주(蓮葉酒)가 있지만 조선 말기 가뭄이 극심하여 백성들의 기근으로 고종 임금님도 잡곡밥을 잡수셨다. 고종황제(1852~1919) 기력이 떨어져 이를 걱정한 대신들이 기력보충 방법을 논의했고 명문 집안의 약주, 두견주, 국화주, 송화주 전국 유명한 가양주(家釀酒)가 무려 120종, 이 경쟁에서 예안 이씨 집안의 연엽주가 채택되었다.

하루 중에서 양(陽)의 기운이 새로 시작하는 한밤중 자시(子時)에 그릇을 놓고 이슬을 받는다. 만세력을 보고 좋은 달과 날짜를 택일, 술독을 놓는 방향까지 따져서 술 담그는 날, 목욕 재개하고 잡업 할 때 침이 튀지 않게 하려고 입에 창호지를 물고 예를 갖추어 지극한 정성으로 가양주를 만든다.

오늘날은 깊은 산속 생활을 하고 있는 자연 치료사가 늘어나 자연에서 얻어지는 한방 약초로 각종 보약 술, 그리고 각종 미용식품, 건강식품들이 쏟아져 나와 건강생활에 보탬이 되는 사회 활동이 많아져서 교통수단만 해결된다면 어디든지 찾아 갈 수 있고 인생살이에 유익한 정보활동도 매우 많아져서 편리한 사회로 변화되고 있는 현실이다. 순창, 장수지방의 장류산업이 급속도로 발전한 이유도 바로 여기에 증거한다고 주장한다.

필자도 하얀 민들레 생즙으로 건강을 회복했지만 지금도 다리가 틀어지는 일은 비가 올듯한 날씨에는 더욱 신경을 많이 쓰고 있는 실정이며 오늘도 침술치료를 받고 있는 현실이다.

꽃에서 시(詩)를 줍다

고려 때 이규보(李奎報 1168~1241) 시인은 어머니가 통천 김씨로 알려졌고 안동 권씨 시조가 김씨로 안동 권씨 종보에 나온다.

화소성미청(花笑聲未聽)
조제루난간(鳥啼淚難看).
꽃은 웃어도 소리가 들리지 않고
새는 울어도 눈물을 보기 어렵네.

꽃은 어린이도 시인을 만든다. 이규보도 여섯 살 때 한시를 지었다고 전해 온다. "생활이 곧 시(詩)다."라고 말하는 김용택(1948~66세) 시인도 KBS 강연 100도에서 일갈(一喝)하고 있다. 시인들은 꽃을 감상하고 시(詩)를 쓰고 꽃 앞에서 시를 생각하고 시는 꽃향내를 더고 시인의 가슴에 날아든다. 봄날에 시인은 꽃과 꽃 사이를 바쁘게 날아다니는 벌, 나비와 꿀벌이 된다. 우리 집 창문을 열면 백목련이 잎은 피지 않고 탐스런 하얀 꽃이 환하게 웃고 있다.

꽃잎을 주워 말려서 꽃잎 차를 만들어야 하는데 봄비가 내린 후 생각만 하다가 그냥 세월만 놓쳐 버리고 만다. 노란 개나리도 대전극동방송국 울타리를 보기 좋게 장식해 놓았다. 나도 벌써 45년이 넘는 시력(詩歷)이지만 꽃을 주제로 한 시가 팔백 수는 훨씬 넘을 것 같다. 꽃 이름이 들어 있는 시조 시집은 주로 현대동시조에서 많았고 현대시조집 정형시집에서는 꽃 주제가 적은 편이다.

가곡 사월의 노래가 들려 올 듯한 목련 꽃 그늘 아래서 베르테르(괴테 1749~1832)의 편지 읽노라, 돌아 온 사월은 생명의 등불을 밝혀 든다. 빛나는 꿈의 계절아! 참새가 노래를 듣고 있는 것 같다. 〈참〉은 상대적으로 사람에게 보다 가깝고 유익할 때 붙이는 접두사로 참나무, 참깨, 참외… 참새-사람에게 친근하고 유익한 새인데 집 뜰, 마루까지 날아와 손님 새란 뜻인 빈작(賓雀), 방문 안으로 들어오면 잡아서는 안 된다는 금기(禁忌), 제주도 무속신화에서 처녀가 애 배고 쫓겨나 받는 벌로 벼 두 동이를 손으로 까도록 시킨 판소리 대목이 있다.

고전소설에서도 계모가 본처 딸 구박하는 수단으로 벼 방아 찧게 하는 대목. 이때에 참새 떼가 날아와 모조리 까 주고 일제히 날아 껍질을 날려주고 간다. 이렇게 참새는 약자를 돕고 서민 편에 섰다. 참새의 작(雀)과 벼슬을 뜻하는 작(爵)의 음이 같다 해서 벼슬을 상징하기도 했고, 참새 걷는 것을 보면 대과(大科)에 급제한다고 해서 속신이라고도 했으며, 벼슬아치에게 주는 뇌물이라 해서 군작도(群雀圖)라고도 했으며, 머리가 잘 안 돌아가는 것을 보고 새대가리라고 한다.

셰익스피어(1564~1616) 작품에서는 그놈의 머리는 참새 대가리의 9분의 1도 못 된다고 했다. 중세교회에서는 참새가 악마이고 성(聖) 도미니크(1587년 세워진 마카오성당)에서는 참새의 털을 산채로 뽑는 것으로 악마를 곤궁으로 빠뜨리기도 했다. 음욕(淫慾)의 상징 제비는 논어(論語)를 외워 지지위지요, 부지지위부지 하는데 참새는 옥방비결(玉房秘訣)을 외워 앉아서 '짹짹' 누워서 '쪽쪽' 한다는 속언(俗言)이 있다.

양귀비(楊貴妃 719~756)에게 빠진 당(唐) 현종(玄宗 685~752)의 보양비방(補陽秘方)이 역마환(驛馬丸)이라고 새고기가 주성분이라고 본초강목(本草綱目)은 적고 있다. 중국 공산혁명 후 파리, 벼룩, 쥐, 참새의 사해(四害) 추방운동을 벌여 베이징 성안에서만 30만 마리의 참새를 잡아 없앴는데 이로 인해 해충이 번성하여 농작물 감수가 심함으로 새를 보호 정책으로 전환 시킨 일은 유명하다.

익조(益鳥)의 스위트홈인 지푸라기 지붕이 없어지고 농약 등 환경오염이 겹쳐 20년 전보다 3분의 1이 10년 전의 64%로 격감추세, 애완용 조롱 속의 참새가 등장하기도 하였다. 참새 앞가슴 살 한 점과 소주 한 잔이 제격이라고 조선일보 이규태(李圭泰 1933~2006) 논설위원이 예찬한 일이 지금도 생각난다.

벌거숭이 닭

고대 희랍 반체제 철학자 디오게네스(기원전 412~ 기원전 323)와 정통 철학자 플라톤(기원전 429~기원전 347)과는 앙숙이었다. 빈 통속에 살면서 굴러다니며 밥을 얻어먹고 다니는 디오게네스더러 플라톤이 개라고 말하자 '맞는 말이다. 왜냐하면 나는 발길질하고 욕질하는 사람에게 되돌아가곤 하니까.' 했다. 플라톤이 "인간은 털 없는 두 발 짐승이다."라는 말이 화제가 되고 있을 무렵 디오게네스는 플라톤이 가르치고 있는 교실에 불쑥 나타나 "이것이 플라톤의 인간이다."라고 하며 털 뽑은 벌거숭이 닭을 들어 보였다.

플라톤의 논리를 비판하는 벌거숭이 닭이지만 중국에서는 벌거숭이 닭이 진짜 닭이다. 노장(老莊)은 닭에게 오덕(五德)을 겸비하였다고 했다. 첫째는 벼슬을 이고 있으니 문(文)이 있고, 둘째는 날카로운 발톱을 지녔으니 무(武)가 있고, 셋째는 싸움을 잘하니 용(勇)이 있고, 넷째는 모이를 암탉에게 남겨주니 인(仁)이 있고, 다섯째는 정확한 일출을 알려주니 신(信)이 있다고 했다. 그런데 닭으로부터 날개와 털을 없애 버려도 벼슬이나 발톱은 남고 용, 인, 신(勇, 仁, 信)의 삼덕(三德)도 훼손

받지 않으니 털과 날개는 허식이요, 없어도 되는 꾸밈에 불과 하다기에 결국 인간을 벌거숭이 닭에 비유한 것이다.

벌거숭이 닭 민화(民話)에 보면 알을 품고 있는 암탉이 살쾡이에게 날개를 물려 찢겨 나갔다. 날개 없는 닭이 깐 병아리 가운데 날개 없는 닭이 태어났으며 어미 생각해서 날개가 생겨나지 않았다하여 효계(孝鷄)로 불렀다 한다.

어느 불심이 독특한 이의 꿈에 신령님이 나타나 지금 삶아서 죽기 이전이니 목숨을 구해 달라기에 꿈을 깨어 살펴보니 닭백숙을 하고자 불을 피우고 있음을 보고 솥을 열어 털 벗긴 닭을 꺼내 주었더니 살아 달아났는데 그 후 털이 돋아나지 않아 추운 겨울에는 이 벌거숭이 닭을 방안에서 길렀고 불계(佛鷄)라고 불렀다한다.

무궁화(無窮花)

중국 당나라 여자 임금 측천무후(則天武后 624~750)는 한겨울 궁중 잔치에 백화(百花)를 만발시키고 싶었다. 아부 배들이 신통력을 발휘하기를 청하자 무후는 천자의 전용 지인 황지(黃紙)에다 백화가 소용되오니 화신(花神)으로 하여금 꽃을 빌려주게 하소서. 라는 천신(天神)에 차용증서를 써 올렸다.

궁중에서는 난리가 났다. 사방팔방으로 사람을 풀어 성안의 방 안에서 기르는 화목들을 모두 거두어 백화를 만발케하여 무후의 신통력을 입증해야 했다. 그 만발한 화목 가운데 오로지 한 화목만 꽃잎을 달고 피지 않았다. 화가 난 무후(武后 1863~1939)는 무슨 꽃이냐고 물었다. 목근화(木槿花, 무궁화)입니다. 하자, 그 나무를 촌단하는 극형을 내렸다. 무궁화는 악에 저항하여 순교하는 지조가 매운 꽃이다.

한시(漢詩)에도 그 열기(烈氣)가 완연하다. 송(宋)나라 양만리(楊萬里 1124~1206)의 시(詩)에 목근화(木槿花)는 손무(孫武 기원전 545~기원전 470) 세력으로 아침에 피고 녹주(綠酒)의 절개로 저녁에 진다 했다. 춘추시대의 병법으로 유명한 손무는 오왕(吳王)에 등용되어 서쪽으로 초(楚)나라를 치고 북쪽으로 제(齊)나라를 격파했던 세력의 상징이다.

중국 고금의 제일 부자인 석숭(石崇 249~300)의 애첩 녹주(綠珠)는 정조를 빼앗기지 않으려 그 부귀를 버리고 다락에서 몸을 던져 죽은 절개의 상징이고 무궁화의 열기와 절개를 이렇게 손무와 녹주에 비유했는가 하면 원(元)나라 서유(?~?)는 봄에 뭇 꽃들과 다투지 않고 여름에 유독 홀로 피어 염천에 쇠를 녹이는 더위와 싸운다고 읊었다.

지사 백남억(白南檍 1863~1939) 선생은 홍천 보리울에 은거하면서 일본 경찰의 눈을 피해 무궁화 묘포를 만들어 보리울을 무궁화 고지로 만들고 무궁화 묘목을 뽕나무 묘목으로 위장, 팔도 방방곡곡에 보내어 피어나게 했다. 조선 팔도를 여덟 송이 나무로 수(繡) 놓은 금수강산 수본을 창안하여 방안에 걸게 하여 민족의식을 고취하였고 무궁화 노래를 지어 아이들에게 은밀히 보급시켰다. 다른 꽃과 비겨 무궁화는 접붙여도 살고 꺾여도 성 하도다 했고, 아름드리 거목도 모진 비바람에 뿌리가 뽑히지만 무궁화생 울타리는 결포(結布)하여 태풍보다 더 모진 바람도 이겨낸다고 읊었다. 지금은 나라가 태풍에 할퀴어 온 백성의 심정 속에 태풍보다 더 모진 바람도 이겨내는, 서로 껴안는 결포의 무궁화 정신이 절박한 때다.

환희대(幻戲臺) 한국 최초 여성잡지 「신여성(新女性)」을 창간했던 김원주가 자유연애 결혼에 실패한 후 수덕사(修德寺)에 왔다가 만공(萬空 1871~1946) 스님을 만났다. 만공으로부터 일엽(一葉)이란 법명을 얻고 여승이 된 김원주는 환희대에서 불심을 닦으며 여생을 보냈다.

대웅전에서 가파른 1020계단을 올라가야 만공탑(滿空塔)을 만날 수 있는데 만공탑의 윗부분은 만공(만월) 스님을 상징하고 받침 세 개의 기둥은 불(佛), 법(法), 승(僧)을 상징하며 아랫부분 팔각형은 팔정토를 나타낸다. 탑 뒷면에는 만공 스님이 일필 지휘로 쓴 세계일화(世界日花)는 한 송이 꽃과 같다는 글귀가 꿈틀거리고 있다. 한국 최초 여류 시인 김일엽(金一葉 1896~1971)은 신여성, 불교(1), 삼천리, 혜성, 신동아, 조선일보, 동아일보 등에 현대시조 작품을 32수를 남기고 있으며『당신은 나에게 무엇이 되었사옵기에』시집을 남겼다.

경허선사(鏡虛禪師 1849~1912)는, 탐내지 말고 속이지 말며 갈망하지 말고 남의 덕을 가리지 말며 혼탁과 미혹을 버리고 세상의 모든 애착에서 벗어나라. '산도 절로 푸르고, 물도 절로 푸른데 맑은 바람 떨치고 흰 구름만 돌아가네. 종일토록 반석 위에 앉아 노나니, 내 세상을 버렸거니 다시 무엇을 바라리오.'라고 하였다.

한밭 뿌리 민속놀이

1. 부사칠석놀이

백제 시대에 부사동에 전설처럼 구전되어 오는 민속놀이인데 사랑과 화해를 큰 덕목으로 여겨오고 있다. '부용'이라는 처녀와 '사득'이라는 총각이 '부사' 샘에서 만나 사랑을 하게 되었고 결혼하기로 약속을 하였다. 그러나 전쟁터에 나간 '사득'이는 끝내 전사하고 '부용' 처녀가 보문산 선바위에서 '사득'이를 기다리다가 죽게 되자 샘이 마르는 일이 벌어진다.

동네 사람들이 영혼 결혼식을 올려주자 이때부터 맑은 샘물이 펑펑 솟아났고 그동안 갈등 관계에 있던 윗말과 아랫말 사람들이 화해하고 '부사'라는 마을로 합치게 되었다.

2. 버드내 보싸움놀이

농사짓기 보의 축조를 둘러싸고 주민들의 갈등과 해소의 주축이 되어 해마다 불협화음을 빚던 마을 사람들이 슬기롭게 해결방안을 찾아내어 놀이로 승화시킨 것이다.

토산제(土山祭)-집터를 다지는 놀이 협동심이 필요하다.

홍수 피해, 마을 무사태평을 기원하는 토산제를 지냈다.

3. 상소골 상여놀이

죽은 이(망자)가 저승으로 가기 전날 상여꾼들이 빈 상여를 메고 상구가를 부르며 마을을 돌아다니는 놀이로 죽음을 영상의 미학으로 승화시킨 것이다. 상여꾼들이 논두렁, 돌다리, 섶다리를 건너갈 때 미리 손발을 맞춰 보면서 상주를 위로하기 위해 춤과 재담, 촌극을 덧붙이며 인생이 무상함을 보여주는 것이다.

4. 들말 두레놀이

음력 칠월 칠석날 호미 씻기를 하고 일꾼(머슴)들이 농악이나 윷놀이를 하면서 즐겁게 놀이하며 아픈 허리를 다독인다.-마을공동체 놀이.

5. 평촌 지경다지기

나무 절구나 바윗돌을 동아줄로 묶어 여러 사람이 들 수 있도록 여러 가닥을 만들어 놓고 상여꾼의 상쇠가 소리를 선창하면 그 소리를 받아 후렴을 부르듯 노래나 타령을 불러 가며 들었다 놓았다를 계속하며 집터를 다지듯 놀이를 진행하는 것이다.

눈물 편지

어려운 세상을 살아가려면 무엇보다 마음이 찰떡궁합처럼 맞아야 한다. 마음이 날마다 틀어지면 가정 화목이 틀어지기 마련이고 부부싸움은 칼로 물 치기라고 하지만 마음이 맞지 않아 뒤틀어지는 때가 많으면 가정불화가 생기기 마련이다. 어느 이혼 부인의 절규를 만나보자. 눈물 편지 쓴 것을 1986년 대전용전초등학교에 출퇴근할 때 시내버스를 타고 다니며 주운 것이다.

새벽 한 시가 넘었습니다. 잠이 오지 않습니다. 내가 있는 수원은 비가 많이 오고 있습니다. 천둥도 치고 번개도 치고 바람도 붑니다. 무슨 말을 어떻게 해야 할지 모릅니다. 변해가는 너에게 나는 아무 것도 해 줄 수 없는 나는 어찌해야 하나요? 부탁이에요? 변하지 말아요? 당신이 변해서 다른 길로 간다면 나에게는 희망이 없답니다. 예전에 당신의 모습으로 돌아와요? 나는 아무 것도 바라지 않아요? 열심히 일하는 그런 당신의 모습을 보고 싶어요? 나 때문에 망가진다면 내가 무엇을 아무 것도 해 줄 수 없는 나는 너한테 무슨 말을 해야 하나요? 지금은 우리에게 힘이 들어도 참고 기다리면 언젠간 우리에게도 행복은 오겠지요? 그래도 남들처럼 한번 잘살아 봐야지요? 그래요. 때로는 지금보다 더 힘이 들겠지요. 그래도 나는 당신을 끝까지 변하지 않고 기다립니다. 사랑만으로는 살 수가 없겠지요? 그래도 당신과 같이 있을 때에는 어느 누구보다 행복한 나였는데 지금도 행복해요?

내 마음속에 오직 당신만 있으니까? 나 또한 자기를 힘들게 하고 싶지는 않답니다. 미안해요? 내가 너무나 당신한테 많은 걸 원했나 봐요? 이제는 당신에게 보채지 않을 거예요. 얌전히 기다리며 살 수 있어요. 지금으로는 해결할 방법이 없으니까요. 답은 내가 당신을 기다리면서 살아야 하니까. 언젠가는 세월이 흘러서 우리 같이 할 수 있으니까요. 약속해요. 꼭 ㅇㅇ도 잘 키울 수 있어요.

왜 어리석게도 자기 말을 듣지 않고 내 마음대로 했는지, 좀 더 참고 기다렸다면 우리는 이렇게 힘들지 않을 것을 이제 와 후회해도 아무 소용이 없다는 걸 알아요. 그 긴 세월을 참고도 살아왔는데 왜 좀 더 기다리지 못했나, 난 바보같이 이렇게만 하지 않았다면 지금쯤 자기는 일을 했을 거예요. 내가 당신을 망가트린 게 아닌가? 자기 말을 듣지 않은 내가 참 어리석답니다. 그러나 ㅇㅇ씨! 너무 오랫동안 도박하지 말아요. 지금은 어쩔 수 없지만, 이 고민만 넘기면 하지 마세요. 우리 힘이 들어도 열심히 벌어서 같이 살아요.

나 또한 ㅇㅇ한테 아무 것도 바라지 않아요. 그저 평범한 가정처럼 살고 싶을 뿐 그게 전부입니다. 항상 마음으로 당신을 사랑합니다. 늘 쓸쓸하고 외로운 인생은 언젠가 새로운 희망과 즐겁고 따뜻한 행복은 오겠지요? 정말 내가 가야 할 길은 어딘가 지금에 내가 가야 할 길은 보이지 않아요. 그러나 내 앞에 어떠한 장애물이 나타나도 나는 끝까지 멈추지 않고 끝까지 갈 것입니다. 행복은 남이 만들어 주지 않아요. 내 스스로 만들어 갑니다. 슬프면 슬픈 대로 살아갈 것이고, 기쁘면 기쁜 대로 살아갈 것입니다. 지금의 내 인생은 무척 힘들고 고달프지만 어떠한 나도 당신과 같이만 갈 수 있다면 정말 나는 괜찮아요. 지금은 같이 있지 않지만, 이것이 인생이라면 지금에 와서 사는 인생을 배우러 가고 있답니다.

겨울에 당신을 선보았을 때는 그저 편안한 친구로 지내고 싶었는데 아마도 당신보다 내가 당신을 사랑했고 늘 마음에 묻고 긴 세월을 살아왔나 봐요. 미안해요. 처음부터 당신의 말을 듣고 기다렸다면 왜 바보같이 그렇게 하지 못했나. 그 긴 세월도 살아왔는데 어리석게도 지금 와서 후회해도 아무 소용이 없는걸. 누구보다 잘 아는 내가 왜 이렇게도 부족했나요? 멀리 사는 당신을 보면서 아무런 도움이 되지 못했나.

다시 돌아와요. 옛날 당신의 모습으로 부탁이어요. 당신과 만나면 왜 항상 말다툼하는 것일까요? 말다툼하려고 만나는 건 아닌데 우리 서로가 서로를 너무나도 모르는가 봐요? 그러나 마음만은 누구보다 따뜻한 당신이기에 잊고 싶지 않아요. 잃어버리고 싶지도 않아요. 우리 좀 더 노력해요. 서로가 서로의 마음을 다 싸서 한없이 가슴이 저리도록 사랑하기에 미워할 수 없는 당신이기에….

신라충신 박제상(朴堤上 353~418)과 치술령(鵄述嶺), 망부석(望夫石)

볼모로 잡혀 있던
누이동생 보고 싶어.

신라 시조 박혁거세 후예로 태어난 신라 충신 박제상은 임금의 마음을 환히 읽었다. 신라 눌지왕(訥祇 王 417~458)이 임금이 된 후에 두 동생을 몹시 보고 싶어 했다. 박제상은 임금의 명령을 받아 고구려로 가서 복호(卜好)를 구출해 냈다. 다시 일본으로 건너가 미사흔(未斯欣 ?~433)을 구출해 출국시켰지만 일이 탄로 나 자신은 붙잡혔다.

일본 왕이 자신의 신하가 되기를 달랬지만 끝내 신라 신하라는 주장을 굽히지 않아 극심한 고문을 해도 소용이 없자 불태워 죽였다. 또 박제상의 부인은 치술령에 올라가 일본을 바라보며 통곡하다 죽었는데 그 몸은 돌로 변하여 망부석이 되고 영혼은 새가 되어 은을암에 숨었다는 전설이 있다. 사람들은 박제상의 부인을 치술신모(鵄述神母)라 하고 사당을 세워 제사를 지냈는데 조선시대에 사당 자리에 치산 서원이 세워졌다고 한다.

나라에 바친 이 한 몸
아까울 게 있으리오.

※ 박제상(353~418) 유적 : 치사서원지. 울산광역시 기념물 제1호.
※ 소재지 : 울산광역시 울주군 두동면 만화리산 30-2.

용간난할머니-경주 최부자 집은 12대 만석꾼, 9대 진사를 배출하여 만석 이상의 재물은 못사는 사람에게 베풀고 백리 주변에 굶는 사람이 없게 하며 벼슬은 진사 이상 하지 않음으로써 부(富)와 벼슬과 권력 때문에 척짓지 말고 살라는 것이었고 그 때문에 한국사상 유일무이하게 부와 덕망과 이름을 10대 이상 유지할 수 있었던 것이다.

노블레스 오블리주는 서양 사회에 있어서 귀족 신분의 의무란 뜻이었으나 한국의 전통사회에서도 나름대로 정신적 기틀이 잡혀 있었다. 옛날 어머니들은 시집 간 딸이 사위에게 얻어맞고 친정으로 쫓겨오면 어느 누구의 잘잘못 이전에 예전에 저지른 자신의 어떤 그릇된 소행이 인과가 되어 응보로 나타난 소행으로 생각했다. 손자가 벌에 쏘여 울고 들어와도 지난날 걸승을 박대한 인과라는 등 자신의 어떤 잘못에 대한 응보로 합리화 했다.

어떤 아이가 사주팔자 보니 상수하여 선생이에게 물었더니 선친께서 섣달 그믐날 갚지 않은 빚 문서를 꺼내어 태워 버린데 대한 응보라고 해석했다. 무엇인가 불행이 닥치면 조상까지 소급되는 지난날의 인과로 감수하고 웬만한 고통이라도 감내하여 그 업을 풀었던 것이다. 남편이 낸 산불 보상금을 22년간에 걸쳐 갚아 감동을 주었던 용우란(龍宇蘭)할머니가 성금을 모아 강원도 홍천에 칼국수집을 냈다고 한다. 용 할머니의 변상이 준법정신이 투철했다기보다 한국 서민에게 체질화된 인과의 업(業) 풀이라고 보는게 적당한 표현일 것이다. 칼국수를 팔면서도 못다 푼 업이 남았으면 한국의 어머니상이 끈질긴 할머니처럼 살아갈 것이라고 했으니 이는 가난하지만 남부러울 것 없이 소박하게 살아가는 부러운 조상의 지혜다로 보아 마땅하다. 그 후 1979년 어느 날 김대중(金大中 1927~2007) 대통령으로부터 친서를 전달 받았고 성금도 받아서 칼국수 집을 차렸다.

중국 고사에 제(濟)나라 때 한 미인에게 동과 서쪽에서 살고 있는 총각들이 청혼을 해 왔다. 동쪽 집 남자는 부잣집 아들이지만 추남이었다. 서쪽의 신랑감은 가난한 집이지만 미남이었다. 어느 쪽을 택하느냐로 고민한 끝에 딸의 의향을 물었다. 동쪽 신랑이 좋으면 왼팔을 서쪽 신랑이 좋으면 오른팔을 올려라. 딸은 주저하지 않고 양팔을 번쩍 올렸다. 어리둥절한 부모가 그 까닭을 묻자 딸은 대답하기를 밥은 동쪽에서 먹고 잠은 서쪽에서 자고 싶습니다. 이래서 나비처럼 동식서숙(東食西宿)이라는 말이 생겼다고 한다.

판소리 뜻

1. 소리판(공연장)에서 이루어지는 시간 예술이다.
2. 음악을 위주로 하는 1인 극으로 창자의 노래, 서두에 넣는 말, 아니리와 이야기 내용에 따라 강점을 실어내는 몸짓, 너름새의 극적 음악이다.
3. 무대+소리=마당놀이, 판을 짜서 부르는 소리
4. 평조, 우조(동편제), 계면조(서편제)의 변화가 있는 구성, 판소리의 구성 요소는 광대, 고수(鼓手), 청중, 찬, 아니리, 악보가 없는 민속 음악이다. 부채를 든 사람(광대)과 북 치는 사람(고수, 鼓手)이 팀을 이루어 이야기를 풀어가는 형식으로 구성, 창작판소리-사설작가가 있듯이 사설시조, 판소리 다섯 마당에 춘향가, 수궁가(토끼타령), 심청가, 흥보가(박타령), 적벽가(화용도)가 있다

판소리의 본받을 점으로는 언제나 부모를 생각하는 마음이 깃들어 있다는 점이고 용기나 힘을 얻게 된 점이다. 판소리를 형식상으로 보면 음악이요, 내용상으로 보면 문학의 서사시(사설시조)이며, 방식 상으

로 보면 연극이다. 판소리 열두 마당은 춘향가, 심청가, 홍보가, 수궁가, 적벽가, 변강쇠타령, 배비장 타령, 강릉매화타령, 옹고집타령, 장끼타령, 가짜신선타령, 왈짜타령이 있지만 가짜신선타령과 왈짜타령을 빼고, 숙영낭자전과 무수이타령을 넣어주기도 한다. 판소리 다섯 마당의 주요 대목은, 심청가는 선인들이 인당수를 찾는 부분과 선인들을 따라가는 대목이고, 홍보가는 제비가 강남 가는 노정기와 박타령을 불러 금은보화가 쏟아지는 대목이고, 수궁가는 토끼 배 가르는 장면이고, 적벽가는 점고하여 보니 제갈량은 맹획을 칠종칠검하는 대목이다.

판소리의 삼 요소는 소리꾼, 고수, 관객이며, 성음이란 소리를 내는 방법과 관련이 있는 소리의 성질, 음색이나, 음질을 말하고, 수리성은 목청이 약간 쉬어서 거칠고 탁탁한 음색이고, 판소리의 삼요소가 아닌 것은 창자(唱者), 관객(觀客), 고수(鼓手), 무대(舞臺) X이며 판소리의 장단은 진양, 중모리, 중중모리, 자진모리, 휘모리, 엇모리, 엇중모리가 있다. 판소리에서 추임새는 고수가 북으로 장단을 치며 탄성을 질러 흥을 돋구어 주는 일이고, 가객은 노래 부르는 사람을, 소리와 소리 사이에 가락을 붙이지 않고 이야기하듯 줄거리를 설명하는 부분을 아니리라고 한다, 몸짓하는 것은 발림 한다, 발림질 잘하는 것을 너름새가 좋다 라고 표현한다. 고수(鼓手)는 소리 아니리에 따라 '으이, 좋지' 하고 소리치고, 북으로 반주하는 것을 추임새라고 한다. 율대는 북 장단치는 (판소리용)막대를 말한다. 판소리 사랑타령은 멍멍개야 짖지 말라. 내 가슴 속, 타는 마음, 왜 그리도 모르느냐, 내 간장 녹는 거야, 아까 울 것 없지마는 정들었던 사랑 끈이 끊어질까 두렵구나, 고양이야 설치지 마라 꿈길마저 뒤숭숭하다, 앙 그리지 마라, 야옹 울지 마라, 속 타는 내 가슴이야 네 알 길 없지마는 저 달은 애타는 가슴 훤히 내다보노라.

현대시를 이렇게 쓰자!

현대시를 쓰려면 우선 물건을 보는 법을 배워야 한다. 사실로는 드러낼 수 없는 것을 드러냈을 때 가능하고 사실을 이동하거나 변형 또는 변용했을 때 가능하며, 있을 수 있는 가능한 사실로 재구성해야 한다. 정서적 주관에서 일탈해야 한다. 정서로 드러내지 말고 사물로 드러낸다. 물화(物化)를 통한 이미지를 형상화하고 생각한 것을 생각한 그대로 드러내서는 안 된다.

고정 관념에서 도피가 필요하다. 시창작의 실제는 이또게이지의 발상 8단계를 보면, 나무를 그대로 나무로서 본다. 나무의 종류나 모양을 본다. 나무가 어떻게 흔들리고 있는가를 본다. 나무의 잎사귀가 흔들리고 있는 모습을 세밀하게 본다. 나무 속에 승화하고 있는 생명력을 본다. 나무의 모습과 생명력의 상관관계에서 생기는 나무의 사상을 본다 나무를 흔들고 있는 바람 그 자체를 본다. 나무를 매체로 하여 나무 저쪽에 있는 세계를 본다.

현대시에 있어서의 체험과 상상력은 현대시와 체험을 재생 상상(想像)(1차적 상상), 단순상상, 기억, 과거 경험을 다른 요소들의 결합에 이해 새로운 이미지로 드러내지 않고 모상(母像) 자체만을 고스란히 그대로 드러냄. 연상(聯像) 상상(2차적 상상), 복합상상. 경험에 연결되는 또 다른 상상력의 작용을 빌어 객관적 상관물을 동원한다. 창조적 상상(3차적 상상), 생산적 상상. 자유 연상에 의해 경험 이전의 세계까지를 재현해 냈을 때 완벽한 상상력의 힘을 발휘한다. 천안 〈홍타령〉몰라! 시(詩)도 제멋에 지쳐서 쓰는데….

현대시조의 전망-유성호 (한양대)교수.

현대시조의 정형시 양식은 시조문학 발전의 독(毒)이 아니라, 난해해져가는 자유시의 대안으로 자리 잡을 수 있다. 오래된 새로움의 미학적 가능성의 정수자(덕성여대) 교수는 소재의 다양화, 형식의 변주, 개인 내면의 욕망, 시조는 자유시처럼 언어적 형식적 자유를 누릴수 있기 때문에 현대성 일탈이나 확장보다 시인의 복합적 시선, 사물 해석의 해로움, 언어의 세련됨, 중 · 고교 교과서 김상옥(1920~2004), 정인보(1893~1950)의 4편에 불과, 현실을 개선-문화예술위원회.

우수작품 우원 프로그램, -시조분야 포함, 2000년 이후 등단자, 이민아, 조성문, 노영심, 박희정, 임채성 시조가 기피하는 반복을 적극적 시적 장치로 활용하고 있다. 말놀이(Pun)를 통해 새로운 기법, 현대시조의 가능성 묘색, -조성문, 시의 운율이란 언어를 통해서 구현되는 것으로 리듬에 어떤 규칙성이 증가해서 반복적으로 실현되어 정형성을 유지하는 것이 율격이다.

고유제(告由祭)

1.

축문(祝文) 임진년(壬辰年) 6월 6일 효자(孝子) 장수(壯洙)는 부모(父母)님 시비(詩碑) 앞에 여쭙니다. 오늘(來日) 아버님 기일(忌日)을 맞이하여 제사(祭祀)를 올리게 되니 그리운 부모(父母)님 은덕(恩德)이 깨우쳐집니다. 삼가 마시는 술과 간단(簡單)한 음식(飮食)으로 부모(父母)님을 뵈오니 자손만대(子孫萬代)의 번창(繁昌)과 슬기를 깨우쳐 주옵소서.

2.

제문(祭文) 임진년(壬辰年) 6월 6일 효손(孝孫) 경주 김씨(慶州金氏) 왕실공파(王室公派) 칠십이(七十二) 세손(世孫) 장수(壯洙)는 부모(父母)님 시비(詩碑) 앞에 여쭙니다. 2012년 3월 1일 초등학교(初等學校) 교장(校長)으로 승진(昇進) 하였으며 아동문예(兒童文藝) 격월간(隔月

刊) 2011년 3~4월호(月號)에서 인쇄(印刷)가 뒤바뀌어 〈민들레, 6학년(學年) 미술시간(美術時間), 봄 운동회(運動會)〉가 아동문예(兒童文藝) 문학상(文學賞)에 당선(當選)되어 시조시인(時調詩人) 문학인(文學人)으로 출발(出發)하게 되었습니다. 그리고 「문학사랑」 계간(文學舍廊 季刊) 2011년 봄호에서 〈동강(東江), 촉석루(矗石樓), 금강(錦江), 석류(石榴), 무재 칠시(無才 七施)〉 현대시조(現代時調)가 문학사랑(文學舍廊) 신인(新人) 작품상(作品賞)에 당선(當選)되었고 한밭아동문학(兒童文學)상을 받았습니다. 오늘 현재(現在)까지 『꿈속에도 아른거려』 『천년전(千年前) 가야금(伽倻琴) 소리』 시조집(時調集) 2권(二卷)을 상재(上梓)하여 삼가 마시는 술과 음식(飮食)으로 고유제(告由祭)를 올리오니 자손만대(子孫萬代) 번창(繁昌)과 빛나는 후손(後孫)을 굽어 살펴 주옵소서.

※ 우리나라의 가톨릭 성전(聖殿)에서는 1936년 가톨릭에서 장례문화(葬禮文化)를 인정(認定)하였으며 세상(世上)에서는 가가례(家家禮)가 다르기 때문에 발간(發刊)된 시조(時調)집을 올려 놓고 고유제(告由祭)를 지낸다면 집전관(執典官)으로 참례(參禮) 조상(祖上) 묘소(墓所) 앞에서 고유제(告由祭)를 지냈으며, 전북 무주군 무주읍(全北 茂州郡 茂州邑)에 가서 어죽(魚粥)을 처음으로 시식(試植)하였음.

희망(希望)의 새 시대(時代)

— 국정 기조(國政 基調)

1. 경제 부흥(經濟 復興).
2. 국민 행복(國民 幸福).
3. 문화 융성(文化 隆盛).
4. 평화통일(平和統一) 기반구축(基盤構築).

제18대 대통령선거 새누리당 대전시국민행복본부-문화예술위원(2012)-새누리당 대통형 후보-박근혜-임명되어 역임하였다.

중도(中道)의 길에는 편견 없이 바르게 보고, 치우치지 않고 바르게 생각하고, 남과 화합하고 유익하게 말하고 질서를 지켜 올바르게 행동하고, 정당한 의식주를 구하는 올바른 생활을 유지하며, 올바르게 노력하며, 사사로운 생각을 버리고 바른 마음으로 수행할 것이며, 일심으로 몰두하여 밖으로 분산되지 않는 평온한 상태가 지속되어야 한다. 한의학에서 칠정은 기쁨(喜), 노여움(怒), 근심(憂), 생각번잡(思), 슬픔(悲), 공포(恐), 놀람(驚)을 들고 있다.

몽실 언니-권정생(1937~2007) 일하는 아이들-이오덕(1925~2003)

1973년부터 1986년 까지 200여통 편지가 한 권의 책으로 묶었다. 〈살구꽃 봉오리를 보니 눈물이 납니다.〉 한길사-서울. 1973. 1. 30 권정생(1937~2007)이 이오덕(1925~2003)을 처음 만난 뒤 편지.

조선일보 신촌문에 등단. 권정생 첫동화집 『강아지 똥』 출판사-거절, 돈이 없어 결핵약을 사먹지 못하는 권정생을 위해 5,000원씩 10,000원씩, 편지에 끼워 보내는 모습이 가슴 뭉클하다.

교육자 이오덕(1925~2003)은 청빈하고 대쪽같은 성품이며 올해도 보리밥 먹고 고무신 신으면 너끈히 살아 갈 수 있으니까요? 하늘을 쳐다볼 수 있는 떳떳함만 지녔다면 병신이라도 좋겠습니다. 양복을 입지 못해도 친구가 없어도 나는 나는 종달새처럼 노래하겠습니다. 이오덕은 지난 여름 세상을 떠나고 권정생은 경북 안동의 일직이라는 시골 마을에서 혼자 살고 있다. 저작권 문제로 회수한다.

(중앙일보 2003. 11. 18 참조)

※ 제십팔대(第十八代) 대통령(大統領) 취임(就任) 2013. 2. 25 국회의사당(國會議事堂)-박근혜 대통령(朴槿惠 大統領).

『살구꽃봉오리를 보니 눈물이 납니다』 초판 3,000부. 서점에 깔린 1,200부가 그 대상. 출판사-한길사, 관계자가 사과하고 갔다. 권정생씨한테 출간 허락도 받지 않고 계약서도 작성하지 않았다. 그래서 회수한다.

단원 김홍도(金弘道 1745~1806)의 포의풍류도(布衣風流圖)

주인공이 연주하고 있는 것은 당비파, 그의 아래 장검 옆에 놓인 것은 생황이다. 왜 하필, 당비파와 생황일까? 음악을 아는 것은 조선 선비들의 기본 교양, 선비들이 가장 아낀 것은 거문고, 당비파는 거문고만큼 보편적이진 아니지만 거문고 가야금과 더불어 그들이 즐기던 삼금(三琹)의 하나였다.

선비나 문인들이 음악을 배울 때는 당비파로 시작했고 관기(官妓)들은 필수 악기로 배웠다는 기록이 남아 있다. 통일신라 때부터 18세기 중반까지 널리 쓰였지만 지금은 전승이 끊어졌다. 생황은 중국의 천지, 창조, 신화에도 나올 만큼 오래된 악기다. 우리나라 불화나 범종, 부조에서 자주 볼 수 있으며 신선의 상징으로 통한다.

특히 단원이 살던 영조(1694~1776) 정조(1752~1800) 때 생황은 중국에서 수입하던 대표적 사치품의 하나로 부(富)와 문화 수준을 보여주는 상징이었다. 혜원 신윤복(申潤福 1758~?)의 풍속화에서도 기생이 생황을 들거나 불고 있는 모습을 심심찮게 볼 수 있다. 단원은 조선 최고의 화가였을 뿐 아니라, 거문고, 대금, 연주에 능하고 앉은 자리에서

척척 운을 맞춰 한시를 지을 만큼 음악과 시문에도 뛰어났던 인물로 전해진다. 중인 신분이지만 사대부에 필석하는 교양을 갖춘 문화인, 즉 선비였다. 포의풍류도는 당시의 풍류객 단원이 꿈꾸던 바, 곧 음악을 즐기고 시를 읊으며, 신선처럼 살고 싶다는 소망의 표현이다. 당비파와 생황은 그의 음악 취향이 매우 고급스럽고 시대의 첨단을 걸었음을 암시한다.

(한국일보 2003. 11. 20 참조)

사물놀이-상설극장 〈난장 극장-김덕수〉 2003. 12. 11 개관. 경기도 부천시 상동 영상단지. 1978. 서울 공간사랑, 김덕수(장구), 김용배(꽹과리), 최태현(징), 이종대(북) 4인조, 웃다리 풍물, 김덕수, 김용배, 이광수(북), 최종실 (징), 사물놀이 신화 25년. 사물놀이 제 25주년 기념, 난장(亂場) 페스티벌 정신, 2003. 12 . 2~2003. 12. 7 호암아트홀.

한울림예술단-사물놀이상설공연(2004), 상설극장-연면적 1,500평, 텐트극장. 100평무대, 1,500석, 객석, 사물놀이와 레드선-김덕수패, 사물놀이와 유럽재즈그룹, 레드선 합동무대. 선반설장구, 선채 연주하는 장구, 장구산조, 상도무속가락, 풍물판굿, 일상속 작은 분노 그대로 토해낸다면? 두 부처님 평범한 삶, 한(恨)으로 삭이는 울분이 사랑 상승의 힘이 실렸으면? 2003 중국이 고구려를 놓칠 수 없다.

세계문화유산 등록을 추진하고 있는데, 고구려 첫 도읍지 졸본성(卒本城)이 있던 랴오닝(遼寧省)성의 환던(桓仁)과 두 번째 수도였던 국내성(國內城)의 옛터, 지린성(吉林省), 지안(集安)일대의 고구려 유적을 2004년 6월, 유네스코 산하, 세계문화유산위원회로부터 세계문화유산으로 지정받기 위해 대규모 복원사업을 벌이고 있다.

12월 6일 역사를 살펴보면 1917년 핀란드가 러시아로부터 독립을 했고, 1941년 프랭클린루즈벨트 미국 대통령, 원자탄개발을 위한 맨해튼계획을 승인했고, 1945년 미군정청 한국 내 일본인 공사유재산 몰수, 1971년은 박정희 대통령이 국가비상사태선포를 했고, 1979년은 통일주체국민회의 제10대 최규하(1919~2006) 대통령을 선출했고 1987년은 박종팔 WBA 슈퍼미들급 세계챔피언을 획득했으며, 1994년은 북한대표단 사상 처음으로 북미연락사무소개설협의차 워싱톤 방문했고 1995년은 유네스코세계문화유산지정, 석굴암, 팔만대장경, 종묘가 지정되었다.

중국 진시황 아방궁 궁전은 초나라 패왕이 항우에 의해 불탔다는 기록은 사실이 아니다. 중국 역사서 한서(漢書)에는 항우가 진나라를 멸망시킨 뒤 아방궁에 불을 질러 3개월간 불이 타올랐다는 기록이 남아있다. 조사 결과 아방궁의 규모도 확인됐는데 동서 1,270m 남북 426m 세계고대역사상 규모가 가장 큰 유적지로 꼽힌다. 아방궁은 진시황 35년(BC 212년) 지금의 산시성(陝西省), 서안(西安)의 아방(阿房)촌에 동서 5리, 남북 100걸음, 크기(한서, 漢書 기록)로 건설이 시작되었다는 고대궁전이다.

한국문단 2003

1. 본격 문학 위축-독자들이 다양해진 욕구를 수용해 이를 결집하는 힘을 가진 작품이 나오지 않았다. 시대 진단 임무를 맡은 비평가의 활동이 저조하고 최근 문학의 침체는 젊은 작가들의 작품이 영상적 수법이나, 섹스 가벼운 재미에 치우치기보다 진실한 삶을 담아내지 못했다.

2. 유망 신인 등장-박민규(1968) 소설가 삼미 슈퍼스타즈의 마지막 팬클럽. 정이현(1972) 소설가-낭만적 사랑과 사회, 새로운 글 쓰기의 가능성을 보여줌, 김영하(1968) 소설가 검은꽃, 김연수(1970) 소설가-내가 아직 아이였을 때(동인문학상수상), 이만교(1967) 소설가-나쁜 여자, 착한남자, 1990년까지 후일담문학, 개인내면 고백체, 소설과 구별되는 재기 있는 필치와 대상에 대한 새로운 접근 방식과 사회학적 상상력과 영화적인 상상력의 절묘한 결합, 개인의 사소한 기억을 역사적이고 사회적인 기억으로 승화. 이문구(李文求 1941~2003)-우리동네 네 몸은 너무 오래 서 있거나 걸어 왔다. 절박하고 아름다운 우리말로 농촌과 농미의 애환을 그려냈다.

그 순수와 참여, 좌와 우로 나누어진 문단의 화합을 위해, 노력한 후

배들의 귀감이었다. 조병화(趙炳和 1921~2003)-한국 문단 마지막 로맨티스트, 윤석중(尹石中1911~2003) 한국아동문학의 상징, 이오덕(李五德 1925~2003) 아동문학가 우리말연구가, 이태극(李泰極1913~2003)-한국시조 부흥운동

3. 황석영(黃晳英 1943) 소설가-맹활약, 황석영 삼국지, 장편소설-심청, 무기의 그늘-베트남전,

4. 문학 출판사 대거 파주 이주-파주시대, 창비, 문학동네, 열림원, 푸른 숲, 민음사, 성철(聖哲 1912~1993) 스님은 일생동안 남녀의 무리를 속여서 하늘을 넘치는 죄업은 수미산을 지나친다. 둥근 한 수레바퀴 붉음을 내 뱉으며 푸른 산에 걸렸도다. 월하(1923~2011) 스님-한 물건이 이 육산을 벗어나니 두두 물물이 법신을 다루네. 가고 머무름을 논하지 말라, 곳곳이 나의 집이니라, 청화(1947 화가) 스님- 이 세상, 저 세상, 오고감을 상관치 않으나 은혜 입은 것이 대천계만큼 큰데 은혜를 갚는 것은 작은 시내와 같다. 법장(1941~2005) 스님- 올 때도 죽음의 관문에 들어오지 않았고, 갈 때도 죽음의 관문을 벗어나지 않았도다. 천지는 꿈꾸는 집이니 우리모두 꿈속의 사람임을 깨달으라. 서암(1917~2003)스님, 달리 할 말이 없다. 정 누가 물으면 그 노장 그렇게 살다가 그렇게 갔다고 해라.

전남진도(조선일보 2003. 10. 6 참조)

진도대교(1984 개통) 제2 진도대교(2005) 인구 3만 8,700명. 강강술래-중요무형문화재 제8호, 남도들노래-중요무형문화재 제51호, 진도씻김굿-중요무형문화재 제72호, -망자가 이승에서 풀지 못하고 맺혀있는 원한을 풀어 주는 굿. 진도다시래기-중요무형문화재 제81호. 출상

전 날 밤 상주와 가족을 위로하기 위하여 가무 극적 민속놀이. 명다리굿 -사주팔자에 명이 짧은 어린애의 수명을 길게 이어 주도록 기원하는 굿. 소포걸군농악, 소포강강술래, 소포베틀놀, 소포전통예술, 소포세시풍속놀이보존회, 어머니 노래방, 7개 모임체가 활동하고 있으며 진도 민속공연중심지-소포리 156가구, 350여명, 진도대교가 개통되기 전까지 육지를 오갈 때, 진도서부지역 사람들은 이 마을 나루터를 이용하는 교통 중심지였다.

우리 마을은 가공되지 않고 삶의 현장에서 우러나오는 소리를 들을 수 있는 곳이며 소리와 굿을 배우기 위해 자주 찾는 곳이며 회관, 숙식, 무료교육을 하고 있다. 전남진도민속예술단-진도향토문화회관, 전남 진도군 진도읍 동외리, 닻배놀이-어이 어파 수비야, 어이 어차 수비야. 1997년부터 전국회장기 공연, 진도토요민속여행, 229회 공연은 세계적으로 드문 사례이다.

예술단 28명, 초기-무형문화재로 지정된 단원으로 구성, 각종 대회에서 장관상 이상 수상자, 북춤, 춤, 민요, 판소리, 예술단 연출단장 이윤선(40), 여름-해수욕장 민속교실, 금갑(의신면) 해수욕장, 관매도(조도면) 해수욕장, 가계(고군면) 해수욕장, 아리랑, 들노래, 뱃노래, 진도민요 등, 진도북춤, 씻김굿, 해외공연, 몽골, 네덜란드, 민요창극-국립국악원, 예악당 2회 공연.

쓰레기 고고학

쓰레기 등 폐기된 유물, 발굴을 통해 당대인들의 삶을 복원하는 고고학 방법론의 하나로 선사시대 쓰레기를 버린 곳인 조개무덤, 발굴도 쓰레기 고고학으로 볼 수 있지만 대체로 쓰레기 고고학은 근대, 현대인들의 쓰레기 발굴 때 적용하는 단어다.

우리나라에서는 삼불 김원룡(三佛 金元龍 1922~1999) 전 서울대 교수가 1966년 부천 신앙촌 쓰레기장을 발굴하면서 시작됐지만 세계적으로 이 방법이 알려진 것은 1971년 고고학자, 웰리엄 앗제(W. Rathje)가 미국 애리조나주 투손(Tucson)의 쓰레기장을 발굴을 통해 현대도시민들의 생활상을 복원하면서 전파됐다.

헛개나무 대량 증식은 산림청 양묘개발 기술로 산림청동부지방 산림관리청이 헛개나무를 간질환치료제로 개발, 어미나무에서 0.3cm~1cm 굵기의 뿌리를 8cm~10cm 크기로 잘라 아토닉 액에 하루동안 담갔다가 땅에 심는 방법이 있고 새순(맹아)이 4cm~5cm 자랐을 때 따서 심는 방법이 있는데 헛개나무 몇 그루만 있으면 빠른 시일 내에 대량 증식이 가능한 장점이 종자를 채취해 결실을 얻을 때까지 3~5년간 걸리던 증식기간을 단축하고 있다.

메뚜기는 뫼와 뛰기가 합성어 된 순 우리말인데 한 번에 2m~3m 점프하고 메뚜기의 크기가 3cm~4cm일 때 자기 몸 길이의 50~75배 사람이 자기 신장의 4~5배 뛴다. 메뚜기는 번데기를 거치지 않고 불안전 변태로 알 상태로 땅속에서 겨울잠을 자다가 오월 중순, 애벌레로 부화, 애벌레는 몸이 작고 날개가 없을 뿐, 어른 벌레(성충)의 모습과 거의 비슷, 8월이 되면 마지막 허물을 벗고 메뚜기가 된다. 대략 한 시간에 걸쳐 100여개 정도 알을 낳으며 알을 보호하기 위해 거품으로 모아 싼 난포를 만들어 땅 속 깊이 묻는다.

우리나라는 옛날부터 농업을 해 왔으며 농업사회에서는 〈두레〉가 있어 공동사회의 나눔이 있었다. 있는 자가 남에게 베푸는 것 만이 아닌 어려움에 처해있는 사람들을 돕는 이웃사랑 공동체요, 정신이다. 뉴기니 남단 트로부리안드(Trobriand)섬 사람들은 얌(Yam, 마의 일종)과 타로(Taro, 토란의 일종)을 주식으로 생활한다. 그 외의 부족한 재화는 이웃 섬들과 클라(Kula)라는 교역에 의해 안정적으로 조달함으로써 각 섬과의 정치, 경제적 동맹관계를 형성하고 있다.

그런데 이들은 얌축제 때에 가까운 친척들에게 얌 나누어 주기와 같은 우리구부(Urigubu)를 통해 공동체 생활 안정을 도모하고 있다. 특히 우리의 주목을 끄는 것은 얌 생산을 많이 하면 할수록 남에게 많이 주면 줄수록 그 사람의 사회적 위세와 지위가 높아진다는 것이다.

조선 연산군(1494~1506)은 재위 중 무오사화를 일으켜 사림파를 비롯한 문신들을 대거 처형하고 언관(言官)제도를 크게 축호했으며 당시

사대부들의 윤리관에 어긋나는 행동을 거듭하여 중종반정(中宗反正)으로 폐위 되었다. 그러나 패륜아 기록들에도 새로운 해석이 눈길을 끌고 있다. 백모와의 간통설은 시중에 떠돌던 항설이 각색 됐을 가능성이 높다고 한다.

생모(성종 폐비윤씨-사약)의 복수설을 위해 성종(1457~1495)의 두 후궁을 몽둥이로 쳐 죽였다는 기록도 정황을 맞춰보면 날조가 분명하다는 것이며, 할머니 인수대비(1437~1504)에게 불효했다는 기록은 뒤집어 보면 지극히 보살폈다는 내용이 되며, 요부로 알려진 장녹수(?~1506)는 그저 재주 많아 총애 받은 후궁에 불과했다는 얘기가 있다. 한국최초성경전래지-한국최초성경유입추진위원회. 서천군 공동주최, 2003. 10. 14 오후 2시. 서천군민회관대강당, 세미나선서식 새치 〈나소열 羅紹烈-서천군〉.

길자연- 한국기독교총연합회 회장. 최성규-한국기독교교회협의회 회장. 김준규-예장대 신축총회장, 김옥남-기장총회장, 김소연-감리교 감독, 이만렬(숙명여대교수)-국사편찬위원회 위원장, 성경전래의역사적의의, 총신대-박용규 교수, 마량진 한국최초 성경전래고증, 한신대-연규홍 교수. 토론, 서천군, 마량진 한국최초 성경전래지-선포(2003. 10. 14) 충남 서천군.

조선 순조 16년(1816년 9월 4일) 영국정부로부터 조선의 서해안 일대 해도(海圖)작성 명령. 군함-리라호 함장 바실홀(Basil hail 1705~1788)이 알세스트호와 함께 충남 서천군 마량진 앞바다 도착. 이튿날 조사 차 나온 첨사(僉使) 조대복(趙大福) 비인현감(庇仁縣監) 이승렬

(李升烈)이 알세트호 서가를 뒤지자, 멕스웰 함장은 이들에게 화려한 장정의 책을 한 권 씩 선물했다. 바로 성경이었다. 바실홀이 1818년 쓴 한국서해안 및 류큐열도 항해기 알세트호의 군의(軍醫) 맥레오드가 1817년 간행한 극동항해기 조선 순조(1790~1834)실록의 기록에 의거 재구성 한 것이다.

국내외 국민투표 사례, 히틀러(1887~1945)-독일. 국제연맹탈퇴안(1933), 신임투표 통한 총통 취임(1934)-전체주의 해체성립. 드골(1890~1970) 프랑스-알제리독립안(1961), 개헌과 사임여부연계(1962) 상원 등, 개편과 사임연개투표(1969), 1961; 1962년엔 승리했으나 1969년 실패 후 드골 사임, 피노체트(1915~2006)-칠레 임기 8년 연장안(1988), 패배했으나 사임 거부. 에스트라다(1937 필리핀)-비리, 의혹에 몰리자 재신임국민투표추진(2001) 투표실시 못하고 민중혁명으로 축출, 아엔데(1908~1973) 칠레. 우파 제압목적으로 재신임국민투표추진(1993) 투표 못하고 피노체트쿠데타로 사망. 박정희(1917~1979) 3선개헌(1969), 유신헌법제정(1972), 유신헌법 지속 여부 등(1975), 모두 승리했으나 혼란지속.

우리나라 국민투표 제도 변천사를 살펴보면 1954년 사사오입개헌-이승만(李承晩 1875~1965) 요건을 대한민국 주권제, 또는 영토 변경을 가져 올, 국가안위에 대한 중대 사안으로 국한(7조2항) 1962 제3공화국 헌법-박정희(1917~1979) 헌법개정시 국민투표 거치는 조항 신설-121조1항, 1972 유신헌법-박정희(1917~1979) 대통령은 필요하다고 인정되는 경우 국가의 중요한 정책을 국민투표에 부칠 수 있다는 조항 신설

(49조). 1980. 제5공화국 헌법-전두환(1931~). 대통령은 필요하다고…. 외교, 국방, 통일 등 국가안위에 관한이라는 예시적 규정을 둠.

명리학(命理學, 사주)에서 초보자는 전통 명리 입문 선택이 중요하고 중급자는 복잡한 이론에서 벗어나 맥을 잡는 것이 중요하고, 상급자는 근본 원리와 이치를 중요시 한다.

충남무형문화재전수관을 보면 박동진(朴東鎭 1916~2003) 판소리 전수관-중요무형 제5호. 공주시무릉동. 부여 은산별신제전수관-중요무형 제9호-부여군 은산면. 당진 기지시줄다리기 전수관-중요무형제75호-당진군 송악면. 서천 한산모시짜기전수회관-중요무형 제14호-서천군 한산면 지현리. 보령 남포 벼루제작전수관-도무형 제6호-보령시 남포면 의평리. 당진 안섬 풍어제당굿놀이전수관-도무형 제35호-당진군 송악면 고대리. 서천 저산팔읍 길쌈놀이전수관-도형무형 제13호-서천군 한산면 지현리. 홍성 결성농요전수관-도무형 제20호-홍성군 결성면 읍내리. 내포제시조전수관-도무형 제17호-부여군 부여읍 관북리. 금산 물페기농요전수관-도무형 제16호-금산군 부리면 평촌리. 연산백중놀이-충남 무형문화재 제14호. 조선성종 때 좌의정 김국광(金國光 1415~1480) 업적(음력 7월 15일 보름날) 한산소곡주-충남무형문화재 제3호. 서천부채-충남모형문화재 제21호. 바디-모시 짜는 도구-중요무형문화재 제88호. 박첨지-충남무형문화재 제26호. 서산시.

한국동시조의 시대적 고찰

1. 초창기 동시조-동시조집이 최초로 발간된 것은 정완영(1919~2016) 『꽃가지 흔들듯이』(1979. 1. 31 발행), 가람출판사-서울, 단행본으로는 처음이다. 단형동 시조 38수, 2연동시조 11수, 3연이 3수, 5연 1수, 7연장형동시조가 1수로 구성되었다. 1980년 연작동시조가 발표된것은 박경용의 별 총총, 초가집 총총, 80수가 동시조의 횃불을 들고 일어섰다.

2. 성장기 동시조는 경철이 망월동에서 봄, 여름, 가을, 겨울 4편의 연동시조가 고개를 쳐들고 일어선다. 동심의 시11집(1992 한림)에 무등산가 5편의 동시조를 만나게 된다. 이성관의 동시조집-초가지붕하얀박꽃, 1992 아동문예, 민속놀이 생활모습, 현대동시조의 새틀(삼행동시조)로 봄노래 10편, 여름노래 10편, 가을노래 10편, 겨울노래 10편이 들어 있고 총 78편의 동시조가 꿈틀거리고 있다.

경철의 동시조 영산강 5편, 1994. 동신의 시. 13집, 연형동시조가 얼굴을 내밀고 있다. 최명석군 이야기 3편, 유지환양 이야기 3편, 박승현양 이야기 3편, 1995. 동심의 시14집, 5.18희생자의 노래를 담은 연형동시조가 새롭게 발돋움하고 있다. 김영기(1937~)의 무궁화 10편은 동시조의 율격을 새롭게 정립시켜 놓았는데 생황동시조의 대중화가 특색으로 나타나고 있다.

봉산탈춤(金棋洙 1935~)

중요무형문화재 제17호. 봉산탈춤예능보유자. 국립극장-달오름극장-봉산탈춤완판공연, 2005. 5. 15(음력4월초파일) 1965 봉산탈춤완판

공연. 40년만에 처음, 1과장-사상좌춤, 팔목중춤, 사당가무, 노장춤, 사자춤, 양반, 말뚝이춤, 미얄, 영감춤, 모두 7과장-원형대로 하면 5시간, 5시간을 내 줄 극장이 없고 시간의 뭇매를 견딜 관객도 적어 40분~120분, 짜리 봉산탈춤 압축판만 공연, 봉산탈춤-고려시대부터 음력사월초파일이나 단오등의 명절에 황해도 봉산지역에서 행해졌다는 탈놀이. 특징-춤을 중심으로 동작과 재담, 노래가 붙는다. 한시(漢詩)가 포함된 대사가 많고 펄쩍펄쩍 뛰는 씩씩한 남성춤이 주축이고 의상이 화려한 것이 봉산탈춤의 특징이다. 충남 홍성에서 출생했고 여성국극과 무성영화 배우의 꿈, 1962년 드라마센터아카데미(입학). 봉산탈춤에 매료되어 1963. 김진옥(1894~1969) 선생. 사사해 왔고 1968. 노장춤을 직접 추어 왔다. 봉산탈춤예능보유자 모두 3명인데 봉산탈춤 1세대 양소운(82), 장구반주, 김기수(70)4과장 노장춤(1시간짜리), 35명이 출연, 18종 22개 탈, 봉산탈춤의 탈은 요철 굴곡의 많고 칠순의 능구렁이 늙은 중인, 노장은 눈이 움푹 파였고 입술이 두텁다. 취발이의 마수에 걸려드는 파계승, 낙양동천 이화정, 봉산탈춤에서 춤꾼이 음악을 청하는 불림으로 일반인도 잘 아는 소리다. 4박자 굿거리 타령, 6박자 염불이 들어 있다.

배낭여행은 도둑 조심, 돈, 여권, 항공권은 은밀한 곳에 꼭꼭, 물, 조심, 유럽에는 가스물이 많다. 잘못 사면 하루종일 가스 빼느라 팔 빠진다. 개똥조심, 유럽은 개와 사람이 동등하다. 길거리는 오히려 개들한데 대우가 좋다. 옆, 남자, 조심, 홍등가 사람들은 무섭다. 열차 시간표 조심, 시간표 잘못 보면 하루종일 공친다. 유러피언 조심, 사기꾼은 어느 나라에나 다 있다. 대한민국 배낭객 조심, 어디가 최고더라…. 에 술

깃, 보다는 자신의 계획과 스케줄을 지킬 줄 아는 것도 여행의 기본이다. 무임승차 조심, 검사 심하지 않다고 무임승차하다가 그 나라에서 못 나온다. 야간열차 조심-복대는 동쪽으로 놓자. 도둑들은 배만 뒤진다. 화장실 조심, 소변도 돈이다. 호텔, 기차에서 해결하자.

궁녀의 근무시간은 보통 12시간 일하고 36시간 휴식했는데 왕 침실 담당 궁녀는 하루를 주야로 나눠서 두 침이 교대로 근무했고 두 명씩 네 명이 밤낮으로 교체하였다. 궁녀의 휴식시간에 글씨, 마작, 화투, 담배를 하였고 궁녀 방귀는 본가에서 입이 떡 벌어질 만한 음식을 차려 와 대접하는 벌이 방굿 례라고 한다. 왕의 승은을 입을 때는 치마를 뒤집어 입고 침전을 나오기도 한다. 궁녀의 월급은 1925년에 50원 주었고 가장 많이 받는 궁녀는 196원을 받았고 최하 40원에서 최고 80원 사이가 있지만 1925년 당시에는 1원의 가치가 지금의 1만원(2005)정도라고 한다. 서산 간월도 굴 부르기 군왕 제는 바닷물 만조시간 때 소복 입은 마을 아낙네 30~40명 포구 굴젓, 찹 제를 지낸후, 굴, 담은 소쿠리를 머리에 이고 북과 꽹과리를 두드리며 바닷가로 나가 굴밥을 뿌리며 서해용왕께 굴 풍년을 기원한다. 색깔이 검고 크기가 작고 굴 표면에 들어있는 물, 날개가 많아 양념이 고루 배어 어리굴젓 맛도 일품이다.

청양 정산동화제(青陽定山洞火祭)

충청남도무형문화재 제9호인데 왜적 침입을 방어하고 화전(火戰)에서 유래되어 일제 때 중단되었지만 1987년 재 발굴되어 해마다 정월 열나흗 날, 마을 주민이 목욕재계하고 산에 올라 나무 한 짐씩 베어다가 동아줄로 한 뭉치로 묶어 동화대(洞火臺)를 세우고 달, 뜨면 제사 올린 뒤 나라 백성 평안, 풍년 기원하며 불에 태운다.

태안별주부마을 용왕제는 별주부전 전설이 유래한 곳인데 태안군 남면 원청리 별주부 마을에서 자라바위에서는 11일 오후 6시부터 용왕제, 가뭄이 들지 않게 샘굿부터 시작하여 달집태우기, 길 굿, 쥐불놀이, 몽산포, 청포대, 해수욕장, 밀물과 썰물을 이용해 물고기를 잡는 독살, 전통어로 방식으로 유명하다.

윤달-혜강 최한기(惠岡 崔漢綺 1803~1879)가 기치체이(氣則體義)에서 중국과 서양의 역법(歷法)의 이동(異同)조에서 중국 역법은 윤 월을 두지만 서양역법은 윤월은 두지 않고 오지 윤일을 둔다고 말 한 것처럼 동양의 태음력에서 윤달은 덤으로서 1년이 13달이 되지만 서양의 태양력에서 윤들은 29일 있는 2월이며 29일 하루가 윤일이다. 성호 이익(星

湖 李瀷 1681~1763)은 성호사설에서 주역의 연상단상을 설명하면서 단과 상은 모두 시(豕, 돼지)를 따랐으니 반드시 다 짐승의 이름인 것이다. 라면서 코끼리(象)란 짐승은 임신한 지 5년 만에 낳으므로 5년에 윤월이 두 번 드는 것을 상징한 것이다. 라고 윤달을 코끼리에 비유해 설명 하였다. 윤달을 여벌 달, 공달 또는 덤달이라고도 한다. 〈증보문헌비고〉 악고(樂考)에 금(琴)은 줄이 다섯이니 오행을 상징한 것이고 휘(暉)가 열셋이니 12율(律)을 상징하고 나머지 하나는 윤달을 형상한 것이다. 이 말처럼 악기제조에도 윤달을 넣었다. 조선 후기의 학자 홍석모(洪錫模 1781~1857)는 동국세시기에서 결혼하기에 좋고 수의(壽衣) 만들기에 좋다. 모든 일을 꺼리지 않는다.

광주-봉은사(현서울-봉은사-삼성동)에서는 매양 윤달을 만나면 서울 장안의 여인들이 다투어 불공을 드리며 돈을 탑 위에 놓는데 윤달이 다 가도록 끊이지 않는다고 전한다. 제주도에서는 윤달에 생전예수재(生前豫修齋)를 행하는데 생전의 모든 죄를 용서 받고 극락왕생 하기를 바라는 불교 행사이다. 윤달에는 송장을 거꾸로 세워도 탈이 없다는 속담처럼 윤달의 이장(移葬)이 좋다는 인식이 강하다. 그러나 동짓달에는 윤달이 들지 않는 것을 악용해 윤동짓달 초하루 날 꾼 돈을 갚겠다. 라고 말하면 꾼 돈을 떼어 먹겠다는 공언이다. 조선 왕실의 최대 비극인 사도세자(思悼世子, 장조 1735~1762)가 뒤주 속에서 죽은 때도 조선영조(1694~1776) 38년(1762년) 윤5월이었다. 21일이 마지막날인데 부모를 위해 수의를 만들고 조상을 위해 묘를 이장하는 효도의 마음이야 어찌 윤달에 국한하겠는가?

윤초(閏秒) 2015년 7월 1일 9시(한국시간) 전 세계가 1초 늘어나는 윤초(閏秒). 1월 오전시 전세계에서 1초가 늘어나는 윤초가 시행된다.

이에 따라 오전 8시 59분 59초와 오전 9시 00분 00초 사이에 8시 59분 60초가 추가된다. 휴대전화처럼 통신사에서 시간을 수신하는 기기는 자동으로 윤초가 적용되지만 사람이 직접 조정하는 손목시계와 벽시계 등은 이때 1초를 늦춰야 한다. 윤초는 시각의 오차를 보정하기 위해 도입됐다. 원래 전 세계는 지구의 자전을 24시간으로 계산하는 천문시(天文時)를 사용했다. 그렇지만 지구가 한 바퀴 자전하는데 걸리는 시간은 엄밀히 계산한다면 24시간 보다 약 0.002로 더 걸린다. 태양과 달의 영향 때문에 계속 길어지고 있다.

이에 따라 세계 각국은 1972년 1월 1일부터 원자시계를 이용한 원자시(原子時)를 표준으로 사용하고 있다. 천문시와 원자시의 차이가 0.9초 벌어지면 윤초가 시행된다. 윤초는 1972년 이후 지금까지 26차례 시행됐고 이번이 27번째이다.

토종대학(土宗大學) 전남 나주시 박태후-죽설헌(竹雪軒)

현대에 들어와 이들의 풍류를 잇는 정원이 하나 있는데 나주 금천면에 있는 죽설헌(竹雪軒)이다. 나주 금천면은 배나무 과수원이 자리 잡고 있는 구릉지대다. 나지막한 과수원 길을 따라서 1km정도 꼬불꼬불 언덕을 돌다보면 저수지가 나오고 그 저수지 옆에 숲이 우거진 자그마한 동산이 바로 죽설헌(竹雪軒)이다. 대지 4천평에 약 150종의 나무, 과실수, 화초가 대숲을 끼고 우거져 있다. 비자, 산벚, 왕버들, 동백, 단풍, 호두, 감, 복숭아, 배나무, 노랑꽃 창포, 매화, 국화 등등이다.

죽설헌(竹雪軒)입구에서 살림집까지 들어가는 길은 S자 형태로 150m 돌아 들어가도록 만들었다. 그 길 중간쯤에는 30년된 탱자나무와 꽝꽝나무가 좌우 양쪽으로 터널처럼 우거져 있다. 유실수는 보는 즐거움과 먹는 즐거움을 동시에 선사한다. 미학(美學)과 실학(實學)의 만남이다. 5월 초에 딸기와 양앵두, 5월 중순 보리수, 6월 초순 매실, 버찌, 6월 말 자두, 살구, 복숭아, 7월 초 포도, 8월 초순 단감, 8월 말 무화과, 10월 밤, 홍시, 겨울 고구마, 생태관광자원화 사업으로 전남 나주시 금천면 촌록리 124 죽설헌(竹雪軒) 남도 대표정원. 박태후(1953, 53세)화

가. 아내 신춘란(1953, 53세).

묘지박물관(墓地博物館), 풍수(風水)에 관심이 많다 보니까, 우리나라 여러 집안들의 선생(先生)을 답사할 기회가 많았다. 그 집안 조상들의 묘들을 둘러보다 보면 묘비(墓碑)에 쓰인 한문도 배우고 주변 산세가 어떤 모양으로 되어 있는가? 과거에 그 집안의 선조들이 위기 상황에서 보여 주었던 결단력과 인내력 등을 공부하게 된다. 서울 강남구 수서동에 있는 전주 이씨 광평대군(廣平大君 1425~1444) 묘역은 이런 공부를 하기 좋은 곳이다. 이곳에는 세종대왕(世宗大王 1397~1450)

다섯째 아들인 광평대군을 비롯하여 그 후손들의 묘 700여기가 있다. 묘역의 넓이는 13만평, 다른 집안의 선산은 이곳, 저곳에 흩어져 있는 경우가 대부분이지만 광평대군의 묘은 한 집안의 묘 700여기가 한곳에 집중되어 있는 점이 특징이다. 당시로서는 매우 효율적으로 묘지를 조성한 셈이다. 이곳은 전국에서 예장(禮葬)이 잘 된 묘역으로 꼽힌다. 그 사람의 신분에 맞게 묘의 규모가 교과서적으로 조성되어 있다는 말이다. 대군에서부터 판서, 참판, 한성판윤, 승지, 군수, 진사에 이르기까지 신분에 따라 묘의 규모와 석물(石物)이 다르다.

예를 들면 왕자인 광평대군의 묘역에는 돌로 만든 장명등(長明燈) 2기가 좌우에 있고 우측에 신도비(神道碑), 그 아래 문인석(文人石), 2구가 설치되어 있다. 그렇지만 영의정(領議政)을 지낸 녹천 이유(鹿川 李濡 1645~1721)의 묘에는 장명등이 없다. 영의정의 묘에도 장명등을 설치할 수 없었던 모양이다. 그 대신 신도비는 규모가 아주 크다. 사각형이 형태로서 높이가 387cm에 달한다. 또 묘를 둘러 싼 둘레, 석은 영의정만 있고 참판은 없다. 둘레, 석은정 1품이 상만 쓰도록 되어 있다. 문무석은 참판도 있지만 그 규모와 복식이 영의정에 비해 간단하다. 참판은 문인석이 있지만 군수는 문인석이 없다.

현재의 묘역을 관리하는 사람은 녹천 이유의 11대 증손인 이병무(1962, 64세)씨 이다. 필경재(必敬齋)의 주인이다. 폭우가 쏟아질 때면 혹시 묘가 유실 될까봐 새벽 2시, 3시라도 비닐 천막을 들고 묘역에 달려 나간다. 어려운 일이 있을 때 마다 조상 묘에 가서 하소연 하고 나면 마음이 편안하다고 한다. 화장이 대세인 요즈음에 광평대군 묘역은 조선시대 묘지 풍습을 알려주는 묘의 박물관이다.

천상열차분야지도(天象列次分野之圖)

천상열차분야지도(天象列次分野之圖)가 이번(2007)에 새로 나온 1만원권 지폐에 인쇄되어 있다. 천상(天象)이란 말은 하늘에 있는 모든 별을 총칭하는 표현이다. 열차분야(列次分野)는 12개의 분야로 펼쳤다는 뜻이다. 천산열차분야지도를 해석하면 하늘에 있는 모든 별을 12개의 분야로 펼친 그림이라는 뜻이다.

원래 이 그림은 서기 300년 무렵의 고구려 하늘에 나타난 별자리를 평양성에 석각(石刻)해 놓은 것인데 전쟁이 나면서 이 석각이 망실되었다. 조선 태조 이성계(李成桂)가 조선을 건국하자, 한 백성이 천상열차분야지도 사본을 조정에 바쳤다고 양촌 권근(陽村 權近 1352~1409)은 전한다. 조선 정부에서는 권근의 감독하에 고구려 천상도를 바탕으로 새로운 천상도를 만들게 하였다. 이때가 1395년이었다.

약 1,000년 만에 새 천상도를 제작하게 된 것이다. 지구의 자전축은 72년 마다 1도씩 이동하며 춘분점(春分点)과 추분점(秋分点)이 변하게 된다. 이 이동을 세차운동(歲次運動)이라고 한다. 1,000년이면 세차가 14도 정도 변했으므로 이 변화를 반영해 조선 초기에 새 천상도를 만들었던 것이다. 말하자면 업데이트 된 천상도 였다. 조선 정부가 권근과 같은 일급 학자를 동원해 새 천상도를 만드는데 특별히 신경을 쓴 이유는 무엇일까? 우선 조선 개국의 정당성을 확보하기 위해서 였다. 조선 개국이 하늘의 뜻이었음을 말하고 싶었던 것이다. 이성계가 고려를 무너뜨리고 새 왕조를 세운 것은 쿠데타가 아니라 하늘의 명을 받은 일 이었음을 보여주는 그림이 바로 이 천상도였다.

이때 하늘이란 인격적인 상제가 아니라 천문(天文), 즉 별자리로 지칭한다. 천상도는 일종의 주권천수도(主權天授圖)였던 셈이다. 천상도를 제작한 한 가지 이유는 시간과 계절을 알기 위해서 하늘의 별을 봐야 했다. 초저녁이나 새벽에 어느 별이 떠오르는 지를 보고 농사짓는 시기를 파악했다. 천상도에는 이처럼 다양한 의미가 숨은 그림처럼 들어 있다.

봄꽃 놀라운 비밀은 괭이눈-고양이 눈을 닮았다고 붙여진 이름, 벌, 나비를 불러 모아, 꽃가루받이하기 어려워도 보름동안 녹색 잎을 노란색으로 물들여 제 몸을 크게 보이게 한다.

꽃가루받이가 끝나면 일주일 정도 지나서 다시 녹색으로 돌아간다. 앉은 부채꽃, 복수초, 노랑제비꽃, 바깥 공기는 영하 1.2도로 아직은 추운 겨울이지만 앉은 부채, 꽃 몸속은 영상 11도나 되었다. 제 몸을 덮혀, 언 땅과 쌓인 눈을 녹인 셈이다.

물고기 습성-버들붕어-물 표면에 거품을 만들어 그 안에 알을 낳는다. 가시고기는 물, 속에서 진흙과 지푸라기로 만든 둥지에 알을 낳는다.

납자루는 민물조개 몸속에 알을 낳는다. 전 세계납자루 무리는 40여종, 한국에서는 각시붕어, 임실납자루가 있다.

강원도 오대산 꽃뱀은 들과 야산에 살고 있으며 적을 만나면 몸을 납작하게 만들어 머리를 하늘 높이 치켜 들고, 코브라처럼 자세를 취한다. 뱀을 잡아 먹이를 쥐면 목덜미의 샘에서 하얀 분비물이 쏟아져 나온다. 꽃뱀, 목덜미 뒤쪽, 목덜미-독샘 여기서 흘러나온 독이 자신을 포식하려는 적을 물리치는 기능을 한다. 머리를 하늘 높이 치켜 올리는 이유는 자신의 목덜미 독샘을 드러내어 적에게 쉽게 독을 뿌리기 위해서다. 독샘 안에 든 독의 성분에 두꺼비의 독이 상당 부분 포함되어 있다. 두꺼비를 먹고 그 독을 자신의 독샘에 저장 자신의 독으로 이용한다. 어미 꽃뱀이 두꺼비 독을 새로 태어나는 새끼에게 물려주기도 한다. 자체 생산하는 뱀 종류, 두꺼비, 바다달팽이, 남의 독을 이용하는 것은 독화살개구리, 음개구리는 분리 된 독을 항암작용 연구에 활용한다고 한다.

재물(財物)

요즈음 드라마 제목도 쩐(錢)의 전쟁이다. 인간사에서 쩐은 영원한 화두이다. 팔자를 좌우하는 최대의 변수도 역시 돈이다. 돈은 어떻게 인간 팔자를 좌우하는가를 명리학(命理學) 고전에서 몇 가지 용어들을 발취해 본다.

먼저 식신생재(食神生財)이다. 식신은 베푸는 기질을 말한다. 큰돈을 만지는 부자들은 공통적으로 팔자에 식신이 발달되어 있다. 식신이 많으면 상대방이 달라고 하지 않더라도 먼저 돈을 주어 놓고 보는 스타일이다. 재벌가 창업자 치고 손이 작은 사람 없고 식신이 없는 사람 없다. 재다신약(財多身弱) 재물이 많으면 몸이 약해진다. 기준에 따라 다르겠지만 현재 한국사회에서 300억이 넘으면 그 돈은 자기 돈이 아니라고 본다. 300억 이내면 자기가 마음대로 쓸 수 있지만 300억이 넘으면 복잡한 상황으로 돌입해 버린다. 이 돈을 유지하려면 소송도 하게 되고 사기도 당하고 항상 바쁘고 인간관계도 골머리가 아프게 된다. 결과적으로 삶이 돈에 휘둘린다. 이걸 재다신약이라고 표현한다. 여행 가고 싶으면 한 열흘씩 훌쩍 여행도 가고 한가하게 친구들과 차도 마시면서 놀고 주변에 베풀기도 하면서 인생을 즐기려면 300억 이내여야 한다.

재생관(財生官)도 있었다. 재물이 벼슬을 낳는다는 뜻이다. 돈이 있으면 벼슬도 할 수 있었다. 지금은 그렇지 않지만 얼마 전까지만 하더라도 돈이 있어야 국회의원을 할 수 있었다. 돈이 없으면 선거 비용도 조직 관리도 할 수 없고 정당의 공천도 따내기 어려웠다. 돈은 벼슬의 하부구조였다. 군겁쟁재(群劫爭財), 여러 형제들이 돈을 두고 다툰다는 뜻이다. 여러 형제들이 사이좋게 살다가 갑자기 돈이 생기면서 형제간에 소송이 벌어지거나 독극물을 마시는 사건이 발생하는 경우가 있다. 부모 자식 간에 또는 형제간에 법정 소송하는 경우는 대부분 돈 때문이다. 돈 때문에 원수가 된다.

탐재괴인(貪財壞印) 인(印)은 학문과 명예를 일컫는다. 재물을 탐하다가 명예가 일그러진다 말이다. 학자와 돈은 서로 상극이다. 재다난관(財多難官) 재물이 너무 많으면 벼슬하기가 어렵다. 요즈음 같이 재산공개가 일반화 된 세상에서 벼슬을 하려면 재물도 적당해야 함을 말한다.

(2007. 6. 19)

국립해양유물전시관(목포 1975). 12세기 중후반, 고려청자 300억대. 900년만에 세상 밖으로(조선일보 2007. 6. 5) 충남 태안군 근흥면 대섬 앞바다. 고려 선박 1척(2007. 5. 18)어민-김용철(58) 고려 인종 장릉(1146년) 통모양 청자-각, 12세기 상감청자 중후반(전남 강진-용운리) 해저유물-6만 4,000여점. 고려청자 개성운항로. 강진용운리-청자제삭. 강진 마량청자선적. 목포, 신안, 충남 태안군 근흥면 대선 앞바다 좌초(조선일보 2007. 9. 3) 보상금+포상금=2100만원. 어민-김용철(58). 문화재청. 국립해양유물전시관(관장-성낙준) 충남 태안군 근흥면 정죽리. 대섬. 앞바다. 1차 발굴-726점, 총계-2267점, 총 1만2,000점 고려청자. 추정.

이게 어찌된 일인고? 어느 게 진짜배기여? 1977년 9월 22일. 국사편찬위원회 위원, 역사 뒤집기, 감행. 가짜 사육신 김문기(金文起 1399~1456) 당시 중앙정보 부장-김재규(1926~1980)의 선조였다고 함. 노량진 의절사(義節司 강원도 영월, 단종대왕역사관, 정조대왕(正祖大王) 1752~1800)이 어정배식록(御定配食錄)에서 남효온(南孝溫 1454~1492) 선생의 육신전을 그대로 추인한 것. 정조대왕이 인정하지 않는 김문기(金文起 1399~1456)는 어떤 근거를 끌어댄다 하더라도 날조된 가짜사육신이다. 날조화의 가담담당편사연구관. 김후경(생육신-김시습(金時習) 1435~1493) 직계후손. 2007년 (음)6월 8일. 유응부(兪應孚 ?~1456) 사당을 직접 찾아가 죄를 청하는 고축문(告祝文)을 읽고 양심 고백-강압, 압력, 사육신수호회 2008년 5월 10일. 조선왕조실록에 의거 국사편찬위원회(1977. 9. 22) 세조(世祖 1417~1468)조에 가려진 사육신, 매죽헌 성삼문(梅竹軒, 成三問 1418~1456), 취금헌 박팽년(醉琴軒, 朴彭年 1417~1456),단계 하위지(丹溪, 河緯地 1387~1456), 백옥헌 이개(白玉軒, 李塏 1417~1456), 랑간 류성원(琅玕 柳誠源 ?~1456), 백촌 김문기(白村 金文起 1399~1456)

[참고자료]

1. 단종(端宗 1441~1457) 복위 작전회의를 공조판서 겸 삼군도진무 인 김문기(金文起 1399~1456)선생이 주재하면서 성삼문(成三問 1418~1456),

박팽년(朴彭年 1417~1456) 선생에게 행사장 안에서 세조를 제거 할 것을 분담시키고 거사의 성패를 가름할 군 동원을 김문기 선생이 직접 맡은 왕조실록기록대로 정정하라. (세조 2년 6월 8일 병오조).

2. 사육신의 명단을 1977년 9월 22일. 국가편찬위원회에서 왕조실록(세조 2년 6월 8일 병오조) 등. 대로 판정한 김문기(金文起 1399~1456), 성삼문(成三問 1418~1456), 박팽년(朴彭年 1417~1456), 하위지(河緯地 1387~1456), 이개(李塏 1417~1456), 류성원(柳誠源 ?~1456) 선생으로 정정하라.

3. 조선왕조실록에 기록된 김문기(金文起) 선생의 유무불복(惟文起不服)을 함구한 불복으로 방영하가.(세조 2년 6월 2일 경자조). 사단법인-백촌한국학연구원, 김녕김씨충의공파대종회(金寧金氏忠毅公派大宗會) 조선일보 2007. 9. 22 참조.

세한도(歲寒圖)

1844년 59세의 추사 김정희(秋史 金正喜 1786~1856)가 유배지 제주에서 자신을 잊지 않고 책을 보내주는 역관인 제자 이상적(李尙迪 1804~1865)을 위해 세한도(歲寒圖 국보 제180호)를 그렸다. 추사는 그림 오른쪽 위에 작품 이름을 적었고 그림 왼쪽엔 제작 동기와 작품의 의미를 담은 발문을 적어 넣었다. 세한도에서 추사의 글, 그림 외에 눈여겨봐야 할 것은 추사의 발문 왼쪽에 잇대어 붙어 있는 제발(題跋) 발문이다. 이 그림을 감상한 20여명의 품평이나 감상을 적은 글이다. 세한도는 그림, 부분 길이가 103cm인데 제발은 무려 11m가 넘는다. 제자 이상적은 그 그림을 들고 중국 베이징(北京)에 가서 중국인 친구가 베푼 축하연에서 청나라 명사들에게 작품을 보여 준 뒤 17명의 제발을 받았다.

이상적은 이 제발(題跋)을 한데 넣어 한 축의 두루마리로 만들었다. 그림의 오른쪽에 김준학(?)이 쓴 완당 세한도라는 큼직한 글씨를 추가해 표지처럼 꾸몄다. 1949년 이 그림의 소장자가 독립 운동가 이자 서화비평가였던 오세창(吳世昌 1864~1953), 초대 부통령이었던 이시영(李

始榮 1869~1953), 독립운동가 이자 국학자였던 위당 정인보(爲堂 鄭寅普 1893~1950)에게 그림을 보여주고 감상문을 받아 두루마리에 이어 붙였다. 이렇게 해서 총 20여명의 제발은 이제 세한도의 중요한 부분이 되었다. 이 제발까지 함께 읽어야만 세한도의 진면목을 감상할 수 있다. 〈세한도 진면목은 제발(題跋) 속에 숨었나니〉.

제발(題跋)- 작품 감상문, 동아일보 2007. 10. 3 참조.

국립경주박물관-가짜 유물 5점 있다. 1920년 경주 임실리, 동해선, 철도공사, 동검 2점, 투겁창(동모 銅鉾) 2점, 꺽창(동과 銅戈) 1점, BC 2-1세기. 광복 직후. 일본인 추정. 경주박물관에 놓고 갔다. (복제품). 진품-현재-국립중앙박물관 소장. 이건무-전, 국립중앙박물관장-현용인대교수. 1945년 가짜 유물 5점, 8월 국립경주박물관-유물카드기록. 조선총독부 박물관- 1921년 3월 31일. 이 유물과 똑같은 임실리, 출토유물 5점. 일본인 모루오카로부터 구입. 이 유물 광복 후. 국립중앙박물관이 인수. 1970. 경주박물관-같은 거푸집 주조. 동일한 청동기 만들 수 있다. 경주박물관-유물무늬 가는 선, 선명하지 않다. 크기-중앙박물관 것 보다 모두 1.2mm 작았다. 색깔도 짙었다. 유물 5점이 한 셋트지만 똑같은 유물이 아니고 거푸집도 다르다. 복제품 가짜 증거. 자주 꽂는 투겁창. 내부 공간, 구멍이 3~4cm 밖에 파이지 않았다. BC 4세기. 대전, 괴정동. 충남 예산, 동서리. 아산 남성리. 청동기 유물 제작 시기 차이. 신대(先代)로부터 물려 빋은 유물이었다.

※ 눈물의 속뜻 조선단종(1441~1457)이 양위하던 날. 세조(1417~1468)가 엎드려 울면서 굳게 사양하였다고 세주실록은 전하고 있다 겉

과 속이 다른 희열의 눈물이었다. 겉과 속이 다른 눈물은 또 있었다. 장희빈(1659~1701)의 아들 경종(1688~1724)이 즉위하자 노론은 그를 밀어내고 숙빈 최씨(1670~1718)의 아들 연내군(延礽君 영조 1694~1776)를 추대하기로 결정했다.

경종(1688~1724) 1년 8월 노론의 사주를 받은 사간 원정언(正言) 이정소(李廷熽) 1681~1750)는 30대 초반의 아들 없는 경종에게 빨리 후사를 결정하라고 상소했다. 태종(1367~1422) 때 같으면 삼족이 졸멸 당해도 부족한 일이었으나, 경종은 노론이 미는 연잉군(영조)을 왕세자로 받아 들였다. 나아가 노론은 자전(慈殿)의 수결(手決)을 받아야 한다며 수렴청정 하지도 않은 대비 인원왕후 김씨를 끌어 들였다. 대비를 끌어들여 쿠데타의 안전핀으로 삼으려 한 것이다. 효종대왕(1619~1659)의 혈맥과 선대왕(현종 1641~1574)의 골육은 주상과 연잉군(영조)뿐이라는 대비 김씨의 세자책봉추인봉서를 읽고 여러 신하들이 울었다고 경종실록은 전한다.

이 또한 왕권 탈취에는 눈이 먼 겉과 속이 다른 눈물이었다. 그러나 국왕을 압박한 행위는 소론 강경파에게 역모로 몰렸고 노론 사대신이 사형 당하는 곡성으로 변했다. 네 명의 처남과 사돈 심온(深穩 1375~1418)까지 사형시킨 태종도 뜻밖에 눈물의 임금이었다. 그러나 태종은 정권쟁취 때문에 눈물을 보이지는 않았다. 그는 재위 2년(1402년) 심한 가뭄이 들자 하루 한 끼씩만 먹으며 눈물을 흘렸고 재위 4년(1404년)에는 수재(水災) 때문에 눈물을 흘렸다. 태종은 세상을 떠나던 세종 4년(1422년) 5월 10일, 내가 죽으면 상제께 청해 비가 오게 하겠다. 하고 유언을 한 후 승하 하였는데 이후 그의 기일마다 오는 비를 태종우(太宗雨)라고 불렀다. 태종의 눈물이 비로 화(化)해 내리는 풍년의 조짐으로 백성들은 생각했다. 손학규(1947, 67세) 전 지사의 탈당 회견 때, 흘린 눈물이 세조나 노론대신들처럼 정권에 눈 먼 눈물인지, 태종처럼 백성들의 고통을 아파한 눈물인지는 그의 과거 행적과 차후 행보가 궁금해 보인다.

(2007. 3. 21 조선일보)

※ 월남 이상재(月南 李商在 1850~1927)의 해학은 1980년대 좌우합작 민족단일 전선 신간회의 초대 회장은 조선일보 사장이었던 월남 이상재였다. 정인보(鄭寅普 1893~1950)는 월남 이 선생 상재신도비 명에서 평생을 통해 가난이 심해서 어떤 때는 하루 한 끼 밥도 먹지 못했지만 뜻이 오히려 태연 하셨다고 썼으며 박승봉(朴勝鳳 1871~1933)은 월남 이상재 선생 행장에는 민족에게 유익한 일이라면…. 죽 사는 일에 관계가 없이 싫어하거나 괴로워하여 회피하는 태도가 없었다. 라면서 중년 이후로 더욱 곤액(困厄)해서 서울에 있은지, 수십 년 동안 집, 두어 칸을 얻지 못하고 동서로 옮겨 다니면서 늙을 때까지 일정한 곳이 없었으나, 그래도 태연했다고 쓰고 있다.

암울한 현실을 해학으로 풍자하는 것이 이상재의 장기였다. 일본의 정객 오사키(尾崎行雄)가 가회동 우거로 찾아오자, 응접실로 가자며 낡은 돗자리를 들고 소나무 숲속으로 데려갔다. 오사키가 일본과 조선은 "부부 사이인데 남편이 조금 잘못했다고 아내가 들고 일어나서야 되겠소."라며 3.1운동을 비판하자. "정당히 부부가 아니고 폭력으로 이루어진 부부라면 어떻게 하겠소?"라고 답했다. "일본 시찰단 시설 노교의 병기공장을 보고 성경에 칼로 흥한자 칼로 망한다고 했으니 이것이 걱정이오."라고 했다는 실화나 조선주둔군 사령관 우쓰노미야(宇都宮市)가

"감기 때문에 불편하다."고 말하니 "감기는 대포로 못 고치오."라고 되받았던 일화는 이제에 시달리는 백성들에게 청량한 웃음거리였다.

민립대학 설립 모금운동의 일환으로 하와이 교포들이 초청하자, "뜻은 고마우나 나는 일본 여권으로는 하와이는커녕, 천당에서 오래도 가지 않겠소."라고 거절할 정도로 원칙은 뚜렷했다. 청년들과 허물없이 지내는 그에게 청년들 버릇이 나빠진다고 걱정하자, "내 청년이 되어야지, 청년들 보고 노인이 되라고 하겠나?"라고 받기도 했다. 어제 29일이 월남 서거 80주기인데 그 때 전, 민족이 합심해 사회장을 치렀다. 원칙과 말을 수시로 바꾸면서도 독설을 내 뿜는 정객들이 득실대는 세상에서 수난의 민족에게 희망과 웃음을 선사했던 것이다.

서재 꾸미기

이 세상의 향기 중에서 어떤 향기가 가장 명품 향기인가? 이 질문을 추사 김정희(秋史 金正喜 1786~1856)에게 던졌다면 추사는 아마도 문자향 서권기(文字香 書卷氣)라고 대답하였을 것이 분명하다. 샤넬 5 같은 향수는 돈만 주면 살 수 있지만 문자향 서권기(文字香 書卷氣)는 돈으로도 살 수 없는 고귀한 향기다.

그 사람의 체취에서 자연스럽게 문자향 서권기(文字香 書卷氣)가 풍겨 나오려면 어렸을 때부터 책을 가까이하는 수밖에 없다. 놀더라도 서재에서 놀아야 하는 것이다.

그래서 조선 선비들은 수많은 책이 즐비하게 꽂혀 있는 서재인 만권당(萬卷堂)을 갖는 것이 꿈이었다. 고려 충선왕(1275~1325)은 왕위를 물려주고 원나라 연경에 살면서 만권당을 만들었다고 전해진다. 당시 원나라의 소병부(1206~1363) 원명선과 같은 대학자들을 자신의 만권당에 오도록하여 항상 학문적인 토론을 하며 놀았던 모양이다. 충선왕은 고려의 석학이었던 이제현(李齊賢 1287~1367)을 연경의 만권당에 불러서 이들과 사귀도록 하기도 하였다. 구한말에는 기학(氣學)으로 유명한 혜강 최한기(惠岡 崔漢綺 1803~1877)의 서재가 당시 서울에서 가장 유명한 서재 가운데 하나였다. 살림이 넉넉했던 혜강은 책을 구입하는데 돈을 아끼지 않았다. 최신 서적이 간행되었다는 정보만 입수하면 오주연문장전산고(五洲衍文長箋散稿) 같은 방대한 저술을 남겼던 이규경(李圭景 1788~1856) 같은 인물도 당시 중국에서 나온 영환지략(瀛環志略)과 같은 최신 서적은 혜강 서재로 가야 볼 수 있다고 생각할 정도였다.

근대에 구경한 서재 가운데 작고한 이규태(李圭泰 1933~2006) 선생의 서재가 인상적이었다. 지하실 20평 크기의 서재에는 어림잡아 1만 8,000권의 책이 나무와 철재로 된 서가(書架)에 빽빽하게 꽂혀 있었다. 조선왕조실록에서부터 니와나미(암파, 岩波) 문고본에 이르기까지 책의 크기와 분야도 다양하였다. 대학교수들 서재는 자기 전공분야에만 책이 몰려 있지만 이규태 서재는 전범위에 걸쳐 책이 모아져 있다는 점이 특징이었다.

거실을 서재로 만들자는 캠페인이 진행 중이다. TV와 쇼파를 치우면 30평 아파트는 거실에 천권당(千卷堂)은 충분히 만들 수 있다. 천권당에서 놀아 보게. 옛날 선비들은 독서에 수단 장소를 가리지 않았다. 광형반벽(匡衡盤壁)은 이웃집 벽을 뚫어서 공부한다는 고사(故事)인데 가난해서 불을 켤 수 없던 한(漢)나라 광형(匡衡)이 이웃집 벽을 뚫어서 그 불빛으로 독서한다는 데서 나왔다.

아관(兒寬) BC 103년의 고사도 유명했다. 한서(漢書) 아관열전(兒寬列傳)은 아관이 남의 밭을 갈다가 쉴 때면 품에서 책을 꺼내 독서해 어사대부(御史大夫)까지 올랐다고 한다. 독서의 자세도 중요했다. 성호 이익(星湖 李瀷 1681~1763)은 누워서 독서한다는 뜻의 와독서가(臥讀

書架)를 썼다. 어느 집에서 이를 보고 "독서할 때 정신을 가다듬고 단정히 앉아도 잠이 오지 못하는 것을 막지 못하는데 하물며 눕다니…. 그 자세는 이미 글을 읽는 자세가 아니라고 여겨진다."라고 꼬집기도 했다. 태평어람(太平御覽)에는 조조(曹操 155~220)가 누워서 책을 볼 수 있게 책상을 개조했다는 구절이 있는데 이 때문에 조조는 누워서 하는 와독서(臥牘書)의 원조로 비판받기도 했다.

독서는 죽을 때까지 하는 일이었다. 고려 문신 이규보(李奎報 1168~1241)는 독서라는 시(詩)에서 생도를 이미 면해 머리가 허연데/ 남은 인생 수고롭게 대 독서 할까/ 늙어 죽을 때 까지만 정신만은 멀쩡하니 / 한자 만 더 알아도 마음 족하다네. (기면생도수우번, 己免生徒首又皤) (잔년근고독서하, 殘年勤苦牘書何) (아난노사정신재, 我難老死精神在) (일자첨지상족다, 一字添知尙足多)라고 노래했다.

평생 독서하는 선비들에게 서재는 필수였다. 계곡 장유(谿谷 張維, 1587~1638)의 작은 서재, 창 밝아오는 그때가 제일 좋네. 소재편애지창명(小齋偏愛紙窓明)라는 노래처럼 서재에서 잠을 새우는 일도 허다했다. 귀향살이의 고통도 서재에서 잊었다. 정약용(丁若鏞 1762~1836) 유배시절 윤박단, 윤규노 부자가 마련해 준 다산초당(茶山草堂)은 다산학의 산실이 되었다.

면암 최익현(勉庵 崔益鉉 1833~1906)도 흑산도 유배시절 일신당(日新堂)을 꾸몄는데 마침 예닐곱 동자들이 조석으로 찾아 와서 글을 묻으니 귀양살이에 큰 위로가 되었다는 감회를 남겼다. 서재에 이름 붙여 인격을 부여한 것은 책을 살아있는 물체로 여겼기 때문이다. 거실을 서재로 운동에 서재 이름 찾기를 병행하면 금상첨화(錦上添花)일 것이다.

참고자료 및 기사 평설

작품 열정 넘치는 늦깎이 시인

관촌 김창현(56) 시인은 그의 나이 지천명이 넘어선 지난 1990년 어머니의 한(恨)과 1991년 「하루」가 시조문학에 천료되었고, 1993년에 아동문예에 「등대, 운동장, 귀뚜라미」 등으로 문단에 이름을 올렸다.

등단 이듬해인 지난 1992년에는 전국통일문예현상공모에서 시 부문 최우수상을 수상했고, 1994년에는 제1회 한국동시조문학상(민족동시조문학상) 아동문예의 영예를 안았다. 이어 2003년에는 한국불교문학상과 인터넷문학상을 수상하면서 다시 한 번 실력을 인정받았다.

시조시인으로 등단하기 이전에 이미 『개구리도 배꼽이 있나?』(1982), 『말더듬이의 하소연』(1989) 등 두 권의 수필집을 내기도 했다. 늦깎이 시인이지만 그는 매년 시조집과 동시조집을 출간할 만큼 어느 누구보다 뜨거운 창작활동을 보여줬다.

1991년 『가슴냇가에 흐르는 사랑』으로 시작한 그의 시집은 지난해(2003) 열 번째 시집인 『배흘림 햇살기둥』으로 이어졌고, 그중에는 동시조집도 세 권이나 포함되어 있다. 동시조에 대한 그의 열정은 지역과 중앙을 아우르는 문학회 활동을 통해 쉽게 드러난다.

2002년에는 한국아동문예작가회 안에 동시조분과를 창립해 현재까지 회장으로 활동하고 있는 한편, 한밭아동문학(대전동시조문학회) 회장직도 맡고 있다. 그는 요즈음 한밭아동문학(대전동시조문학회)동인지 원고 마감 작업에 바쁜 하루를 보내고 있다. 2000년에 창립된 한밭아동문학(대전동시조문학회)는 올해부터 동인지 제호를 지역성의 이미지를 탈피하고자 현대동시조(한밭아동문학)으로 바꿔 출간한다.

〈한남희 기자〉

※ 출전(出典) : 대전매일 2004. 7. 22 목요일 13참조

충청도 양반

현대동시조 창작보급에 힘쓰고 있는 김창현 시인, 해맑은 동심 희망을 전하고 싶어요. 고희 불구 창작열 왕성, 문학회 결성해 회장 맡고 10주년 기념선집도 발간.

가득 찬 넓은 하늘/ 한아름 넘는 그릇/ 별도 담고 구름도 담고/ 보슬비도 담고/ 바람 하얀 눈/ 내 마음 하늘처럼 넓은 그릇/ 넓은 마음 닮고 싶다.(하늘 그릇) 많은 어린이들에게 해맑은 동심과 희망을 전하는 시조를 전파하고 싶어요?

대전이 동시조의 중심지가 됐으면 좋겠다는 생각도 들고요, 관촌(冠村) 김창현(71) 시인은 일흔 넘긴 나이에 어린이들에게는 꿈을, 어른에게는 동심을 되찾게 해주는 동시조(童詩調) 창작에 남다른 애정을 쏟고 있다. 동시조는 어린이의 생각이나 느낌 또는 기호에 맞도록 쉽게 쓴 시조, 충남 서천 출신의 김시인은 1959년 남일초교 교사로 시작 2000년 대전양지초교 교감을 끝으로 교직생활을 마쳤다. 퇴임 후 한밭시조창작교실 지도강사 등으로 맹활약하며 동시조 보급에 앞장서고 있다. 글쓰기가 취미였던 그는 틈틈이 시, 수필 등을 써 왔고 1991년 계간 시조

문학에 어머니의 한(恨), 하루 등을 통해 늦깎이 시조시인으로 등단했다. 1993년에는 아동문예에 등대, 운동장, 귀뚜라미 등, 어린이를 위한 동시조를 선보이며 동시조 작가로 이름을 올렸다. 시작은 늦은 편이었지만 왕성한 창작열을 과시하며 시집과 동시조집을 여러 권 출간했다. 1991년 「가슴 냇가에 흐르는 사랑」을 시작으로 그가 펴낸 시집은 14권에 이른다. 그 중 『바람이 밀어주는 그네』 등 동시조집은 3권이다. 시인 등단 전 『개구리도 배꼽이 있나』(1982), 『말더듬이의 하소연』(1989) 등 2권의 수필집을 쓰기도 했다. 김시인은 동시조의 저변확대를 위해 2002년 한국아동문예작가회 안에 동시조분과회를 창립, 현재까지 회장 활동 중이다. 또 자신이 주도적으로 결성한 현대동시조문학회(한밭아동문학회) 회장을 역임한 후, 고문을 맡고 있다. 회원들과 함께 매년 동시조집(한밭아동문학)을 펴내고 있다.

그는 최근 문학회 동시조집 발간 10주년을 기념하는 한국현대동시조선집(265쪽-오늘의문학사-대전)을 펴냈다. 그가 쓴 꽃봉오리 어루만지는 이슬처럼 등, 전국의 동시조작가들이 쓴 214편을 엮은 책이다. 순수한 동심 닮기와 아름다운 세상을 갈망하는 작품들을 담았다. 책 말미엔 그가 1905년부터 최근까지 동시조 작품을, 방대한 자료를 손수 뒤져 정리한 한국동시조사 연표도 곁들였다. 〈동시조는 의미 깊은 시어와 절제, 함축을 바탕으로 한 간결미, 가락 운용의 자연스러움 등이 생명입니다.〉 동시조를 세계적인 문학장르로 만들고 싶다는 김 시인은 건강이 허락하는 한 동시조를 쓰는 재미를 누리며 지낼 생각이라며 활짝 웃었다.

〈우정식 기자〉

〈참고〉 조선일보 2009. 12. 15 화요일 51판

설날, 추석 진설상(陳設床)

1. 어동육서(魚東肉西) 생선은 동쪽, 육류는 서쪽에 놓는다.
2. 두동미서(頭東尾西) 생선머리는 동쪽, 꼬리는 서쪽을 향해 놓는다.
3. 홍동백서(紅東白西) 붉은색 과일은 동쪽, 흰색 과일은 서쪽에 놓는다.
4. 접동잔서(接東盞西) 접시는 동쪽, 잔은 서쪽에 놓는다.
5. 숙서생동(熟西生東) 익힌 것은 서쪽, 날것은 동쪽에 놓는다.
6. 면서병동(麵西餠東) 국수는 서쪽, 국은 동쪽에 놓는다.
7. 반서갱동(飯西羹東) 밥은 서쪽, 국은 동쪽에 놓는다.
8. 건좌습우(乾左濕右) 마른 것은 왼쪽, 젖은 것은 오른쪽에 놓는다.
9. 좌포우혜(左脯右醯) 포는 왼쪽, 식혜는 오른쪽에 놓는다.
10. 조율이시 (棗栗梨柹) 왼쪽부터 대추, 밤, 배, 감의 순서로 놓는다.

※ 아무것이나 젯상에 올리지 않는다.

1. 복숭아는 올리지 않는다.
2. 꽁치, 갈치, 병치, 삼치 '치'자로 끝나는 생선은 올리지 않는다.

3. 잉어, 붕어, 두꺼운 비늘이 있는 생선은 올리지 않는다.

4. 고춧가루, 붉은색 양념은 쓰지 않는다.

5. 마늘 등, 향이 강한 양념은 쓰지 않는다.

6. 짜거나 맵게 양념하지 않는다.

7. 간장 대신 소금으로 간을 맞춘다.

〈우리나라 중요무형문화재〉

◆ 탈춤

1. 하회별신굿탈놀이—경북 안동 고려 때 제69호.
2. 봉산탈춤—황해 봉산(해서탈춤) 제17호.
3. 강령탈춤—황해 강령 제34호.
4. 은률탈춤—황해 은률 제61호.
5. 동래야유—부산 동래 제18호.
6. 수영야유—부산 수영 제43호.
7. 고성오광대—경남 고성 제7호.
8. 통영오광대—경남 통영 제6호.
9. 가산오광대—경남 사천 제73호.
10. 양주별산대놀이—경기 양주 제2호.
11. 송파산대놀이—서울 송파 제49호.
12. 북청사자놀음—함북 북청 제15호.

◆ 농악

학교운동회—고깔소고춤—웃다리농악—김창현 지도

1. 진주삼천포농악 제11호-가호. 1966년 지정.
2. 평택농악(웃다리농악)제11-나호. 1985년 지정.
3. 이리농악(호남우도농악)제11-다호. 1985년 지정.
4. 강릉농악(영동농악)제11-라호. 1985년 지정.
5. 임실팔봉농악(호남좌도농악)제11-마호. 1988년 지정.

6. 구례진수농악 제11-바호. 2010년 지정.

7. 유네스코무형문화재 지정(농악)—제9차. 프랑스—파리(2014).

◆ 민요

1. 선소리타령—중요무형문화재 제19호—황용주, 최창남 1968
2. 서도소리—중요무형문화재 제29호—이은관, 이춘무, 김광숙 1969
3. 남도들노래—중요무형문화재 제51호—박동매, 이영자 1973
4. 경기민요—중요무형문화재 제57호—이은주(본명, 이윤란), 이춘희 1975
5. 제주민요—중요무형문화재 제95호

◆ 한국세계무형문화유산지정(유네스코-프랑스-파리)

1. 종묘제례 및 종묘제례악 2001. 5
2. 판소리 2003. 11
3. 강릉단오제 2005. 11
4. 강강술래 2005. 11
5. 남사당놀이 2009. 9
6. 영산제 2009. 9
7. 제주칠당머리당영등굿 2009. 9
8. 처용무 2009. 9
9. 가곡 2010. 11
10. 대목장 2010. 11
11. 매사냥 2010. 11

◆ 무형문화재

1. 강강술래—무형문화재 제8호.
2. 검무(신라)—무형문화재 제12호.
3. 승무—무형문화재 제27호.
4. 남사당놀이—무형문화재 제3호.
5. 안동차전놀이—무형문화재 제24호.
6. 기지시줄다리기—무형문화재 제75호.
7. 줄타기—무형문화재 제58호.
8. 좌수영 어방놀이—무형문화재 제62호.

◆ 음악과 제례

1. 종묘제례악—무형문화재 제1호.
2. 판소리—무형문화재 제5호.
3. 피리. 정. 대취타—무형문화재 제46호.
4. 가곡—무형문화재 제30호.
5. 풍어제—무형문화재 제82호.
6. 궁중음식—무형문화재 제38호.
7. 택견—무형문화재 제76호.
8. 진도씻김굿—무형문화재 제72호.
9. 강릉단오제—무형문화재 제3호.

〈동의보감(東醫寶鑑)—먹으면 약이 되는 음식〉

1. 스트레스 해소에는 토란줄기가 좋습니다.
2. 신장이 약한 분은 달팽이를 달여서 마시세요.
3. 소변보기가 어려울 때는 가오리가 정말 좋아요.
4. 피로할 때 인삼 대신 잔대(일명 : 백삼)를 드셔보세요.
5. 고혈압이 걱정일 때는 뽕나무차를 마시세요.
6. 기억력 증진에 오미자차가 좋습니다.
7. 눈이 침침하면 결명자차를 드세요.
8. 포도는 껍질까지 잡수세요.(골다공증 예방약)
9. 성인병 예방에는 해바라기 씨가 그만입니다.
10. 위장, 비장 기능이 약할 때 밤을 드세요.
11. 콜레스테롤이 걱정되는 분 녹차, 요구르트를 드세요.
12. 마음이 불안하고 장이 나쁠 때 사과파이를 만들어 드세요.
13. 감기특효약은 꿀, 무즙을 드세요.
14. 우리 몸의 각종 신진대사를 돕는 다시마를 많이 드세요.
15. 천식에는 비파차가 좋습니다.
16. 숙취에는 감식초가 좋아요.
17. 동맥경화 예방에는 귤이 좋습니다.
18. 잇몸이 약할 때는 숙지황을 드세요.
19. 목이 뻣뻣할 때는 보과를 드세요.
20. 뱃속이 좋지 않은 분은 도토리묵을 드세요.
21. 흥분성 신경쇠약에 연꽃 씨가 잘 듣습니다.

22. 간이 약할 때 모시조개도 좋습니다.
23. 당뇨병에 식초를 권한다는 사실을 알고계시지요.
24. 여드름이 많이 나면 삼백초차를 드세요.
25. 두통에는 들국화차를 마시세요.
26. 꿈이 많고 잠을 이루지 못할 때 차좁쌀을 달여 마십니다.
27. 요로 결석을 풀어주는 데는 조기가 좋습니다.
28. 위, 십이지장 궤양에는 율무차도 좋아요.
29. 술 마신 다음 날은 부추를 드세요.
30. 기관지에는 영지가 좋습니다.
31. 가래가 끓으면 살구 씨 기름을 드세요.
32. 여름철 감기에는 인삼, 오미자차를 드세요.
33. 식초를 먹으면 무조건 좋습니다.
34. 당뇨병에는 두릅나물이 좋습니다.
35. 소갈증에는 다래가 좋습니다.
36. 옻닭은 암에 좋습니다.
37. 관절염에는 솔잎을 이용해 보세요.
38. 치질에는 모란꽃 끓인 물로 좌욕을 하세요.
39. 간경화엔 매실조청이 그만입니다.
40. 위궤양에는 감초를 달여 드세요.
41. 양파는 동맥경화나 고혈압에 좋습니다.
42. 당뇨엔 가시오가피를 드세요.
43. 초기 위궤양에는 연뿌리 경단이 좋습니다.
44. 오십견일 때는 엄나무껍질차를 끓여서 드세요.

45. 요통에는 부추술과 술 목욕이 효과 있어요.

46. 신경불안증에는 멸치와 백합 달인 물이 좋아요.

47. 어지럼증이 심할 때는 오리고기가 좋습니다.

48. 추울 때는 쑥이 좋으니 자주 잡수세요.

49. 신경피로, 전신권태에 얼룩조릿대를 써 보세요.

50. 고혈압에는 무즙, 감즙이 좋습니다.

51. 장마철 피부병에는 녹두가 최고죠.

52. 기침이 심하면 머위꽃대를 달여 드세요.

53. 간 기능 이상에는 동물 간이 좋습니다.

54. 계속되는 요통에는 돼지 콩팥이 좋습니다.

55. 잔기침이 심할 때는 생강차에 엿을 녹여 드세요.

56. 편도선염에는 새우젓 태운 것을 이용해 보세요.

57. 수험생들에게는 생선류와 연근 즙이 좋아요.

58. 속눈썹이 눈동자를 찌르면 들국화 달인 물을 드세요.

59. 산성체질을 개선하려면 얼룩조릿대를 끓여 드세요.

60. 잠 많은 수험생에게 대추씨를 날로 먹이세요. 〈끝〉

『동의보감』 한글로 번역한 책을 보고 농약 중독후유증에 필요한 것을 골라 옮겼다. 조선 1596년(선조 29년) 임금명을 받아 1610(광해군 2년)에 구암(龜巖) 허준(許浚 1539~1615)이 완성한 의하서적. 동의보감이 세계기록유산으로 등재되어 직지금속활자, 난중일기(국보 제76호), 조선왕조의궤, 일성록, 훈민정음(국보 제70호) 5.18 기록관이 등재되었다.

관촌의 삶, 첫 작품과 시(詩)정신

1. 할아버지 훈장

무인년 (음)3월 20일 충남 서천군 기산면 막동리 127번지 외가에서 통천 김씨 중시조전직공파 제21대 후손으로 아버지, 김중규(金重圭 1912~1986), 어머니, 교하노씨, 노경녀(盧庚女 1910~1992)의 3남2녀 중 장남으로 태어나 충남 서천군 비인면 관리 344번지 돌날 아침 할아버지 댁으로 돌아왔다. 비인공립보통학교(1945. 4. 1)에 입학하여 넉 달 반 다니며 일본말을 배우다가 일제강점기 해방(1945. 8. 15) 광복절을 맞이했고 한글독본으로 한글을 배우다가 한국전쟁(1945. 8. 15) 비인공립국민학교를 광복절 날 졸업했다. 우리 할아버지 훈장하실 때 석봉한호(石峯 韓濩 1543~1605) 천자문을 배우는데 이슬로(露), 맺을결(結), 할위(爲), 서리상(霜)을 배울 때 할위자를 까먹어서 목침 위에 올라서서 종아리를 맞고 눈물 많이 흘렸다. 그 후 종아리를 맞지 않으려고 암기력을 길렀던 것이 큰 재능이 된 것 같고 동몽선습 첫 장을 배울 때 중단했다. 가장 큰 장손자라 귀여움을 받았고 여름철 참외 밭에 원두막을 짓고 생활 하실 때 개구리참외를 따 주신 기억이 남아 있다. 초등학교에서 41년 11개월 동안 봉직하고 퇴임하였다.

2. 우리 고모 두둥가(두둥가-동요)

둥가, 둥가, 둥가야, 우리 애기 둥가야, 두둥가 두둥가 둥가야, 이쁜 애기 두둥가야, 군수할래, 도지사할래, 사또처럼 크거라.

3. 시행착오(試行錯誤)- 오열사(五烈士)

Ⅰ〉 오열사 충렬보다 더 힘찬 아주 굳센
우리도 해 보겠다 마음 먹고 실천하면
정성된 열사 마음이 우리 새싹에 펴지리.

Ⅱ〉 묘소 앞 비석 앞에 무릎 꿇고 명복 빌어
다시 한 번 다짐하니 본받을까 두려웁네.
이 마음 굳게 지켜서 후손들에 물려주리.

Ⅲ〉 오열사 하신 일은 애국애족 충성 마음
하신일 이어 받아 그 높은 뜻 계승하여
보람찬 오직 한마음 천년만년 간직하리.

* 시평(詩評) 오세영 중남대교수

오열사를 비유하여 애국 충정을 기리는 시인의 마음이 진실 순박하게 표현되었다. 교육자로서 이러한 신념은 마땅히 강조되어야 할 줄 안다. 선생님의 교육자적 태도의 일단을 보는 것 같아서 절로 머리가 숙여

진다. 그러나 시는 교훈 혹은 진리를 전달하는 수단은 아니다. 결과적으로 그것이 교훈성을 갖는다, 해도 문학이 예술인 한, 어디까지나 미적 감동에 의하여 수행되어야 한다. 미는 형성해 내는 제 요소, 주 언어의 리듬, 이미지, 은유, 등 표현법에 좀더 우의하시면 좋은 시를 쓰실 수 있으리라고 본다.

— 출전(出典) : 독자시. 충남교육(월간). 1977. 5월호 제150호

4. 수필(隨筆)의 흔적

제일 처음 수필을 쓰기 시작했다. 1960년대 3.15 부정선거를 육군생활 할 때 치렀고 국방부에서 주관한 진중문예에서 〈용감한 사나이 화랑관창〉이 입상되기도 했었다.

1.새교실 1971. 9월호-동명이인(同名異人), 2.새교실 1975. 9월호-개구리도 배꼽이 있나?, 3.새교실 1976. 6월호-동가홍상(同價紅裳), 4.대전일보 1979. 2월-소망(所望), 5.새교실 1979. 5월호-시행착오(試行錯誤), 6.대전일보 1979. 8월-국기와 물자절약, 7.대전일보 1979. 10월-골목길에서, 8.대전일보 1980. 7월-전화유감(電話有感), 9.대전일보 1980. 9월-망둥이 I.Q, 10.도가니 제8집(1983)-아내와 제자, 11.교육자료 1983. 4월호-꽃상여집의 딸, 12.도가니 제9집-1984 낚시질, 13.오늘의문학제 10집(1986)-명당(明堂), 14.새마을신문(대전용전초등학교) 1987-가을, 15.새한신문(오백자춘추)-통일된 용어(1987. 8월), 16.국어교육창간호(1988. 5. 20) 제자가준 선물, 17.새교실 1989 3월호-말더듬이의 하소연.

1) 수필집-개구리도 배꼽이 있나? p126 우일사-군산 1982.

2) 수필집-말더듬이의 하소연 p149 대전문화사-대전 1989

서문(序文) 소박하고 진실한 자기 표현의 몸짓 –서문 중에서

이 분의 수필을 읽고 있노라면 물질주의와 황금만능주의에 혈안이 되어 살아가는 현대인들의 피맺힌 도시생활을 까마득히 떠나 와 있는 듯 하고 깊은 산속에 철 따라 익어가는 산 과일을 따 먹으며 자연 속에 파묻혀 살아가는 원초적 인간을 만나는 듯 하였다. 그만큼 이 분의 생각은 꾸밈없이 순수하고 더할 나위 없이 소박한 감성을 지니고 있다. 이 수필집은 비록 일가를 이룬 수필가의 수필은 아니지만 진실한 교육자의 한 생활 속에 담긴 적나라한 생각들을 꾸밈없이 표현해 냄으로써 소박의 진실을 느끼게 한다. 〈김영배(金英培)1930~2009〉

5. 필화사건(筆禍事件)

제10대 국회의원 선거를 치러 낸 지도 벌써 석 달이 되었다. 벽보판의 일그러진 사진을 볼 때마다 그 뒤처리가 깔끔했으면 얼마나 시원할까? 하는 아쉬움이 남는다. 그것도 지정벽보판이 따로 있으련만 요소, 요소마다 붙여 참정권의 의무를 다해야 된다는 뜻도 있고 빠짐없이 투표하여 국민의 권리를 바로 찾자는 슬로건 아래 적재적소에 부착했으리라고 생각한다.

우리는 하루 일과를 허송, 세월로 넘기는 것보다 좀 더 깊은 주의와 사고가 절실히 요구되고 있다. 어린이들이 후보자의 사진을 어떻게 만

들어 놓았는지 살펴 본 일은 없는가? 수염을 그리고 안경을 그리고 눈을 찢고 입술을… 나는 이렇게 만들어 놓은 어린이를 탓하기 전에 우리 어른들의 반성이 촉구된다. 왜, 뒤처리를 깔끔히 하지 못했나? 마땅히 선거에 종사한 분이 뒤처리가 깨끗하여 비뚤어지게 커가는 어린이의 행실을 바로 잡아야 하지 않겠는가? 오늘날 우리 어린이는 어떻게 자라고 있는가? 어린이들의 건강은 좋은가? 어린이들의 생활과 환경은 어떤가? 또 교육은?…

세계 속의 한국 어린이 슬기롭게 키우자는 세계 어린이 해를 맞이하여 행정당국에서는 근본적으로 어린이 행정문제를 다루어야 한다고 호소하는 바이다. 일그러진 선거벽보, 그대로, 낙서 탓하기 전에 깨끗이 정리해야.

— 출전(出典) : 〈서울신문〉 1979. 3월 「독자의 편지」

6. 필화 사건 그 후

서울신문(1979)에 투고가 발표되자 공화당○○도지부, 충남교육감, 서천군교육청교육장, 학교장, 등등, 교육 세상이 한 때 뒤집어 졌다. 공화당도지부, 교육감, 경찰서장, 교육장, 협박, 위협, 공갈, 밥줄, 면직, 등 무섭게 내몰았다. 학교는 단축수업으로 오전에 끝내고 장항-서천경찰서 정보과에 두 번 호출 당하여 찾아간 일이 있다. 책상에 앉아서 무슨 이유로 투고했는지 〈사유서〉를 쓰라고 했다. 첫 번째는 아무것도 잘못한 것이 없으므로 사유서를 쓸 것이 없다고 했다. 두 번째 호출되었을 때는 초등학교 6학년도 전체의 대강을 알고 있다. 공화당도지부 위원장, 교육감, 교육장, 경찰서장, 학교장 등등, 전체의 대강도 모르는 분이 왜 자꾸 나오라고 하는지 그 이유를 모르겠다고 쏘아붙였다. 그대로 가시오, 그냥 집으로 돌아왔다. 학교장은 서천경찰서 정보과에 가서 어떻게 말했는지 궁금해서 물어 보았다. 높은 분들이 전체의 대강도 모른다고 답변했다. 그 후 밥줄, 인사이동은커녕 아무 일 없이 무사히 끝낸 사실이 있었다. 이러한 혼 줄을 당하고 수필은 절필했고 시(詩)를 쓰기 시작했다.

7. 관촌 수필의 절정

내가 세상에 태어났을 때는 일제 강점기. 초등학교(비인공립보통학교)에 다닐 때는 왜정말기 때여서 일본말을 배우다 8.15 해방과 함께 광복절을 맞이하면서 한글독본으로 우리말 한글을 배웠다. 6학년 때는 6.25동란(한국전쟁)으로 피눈물 나는 피난생활을 해야 했고 광복절날 비인보통국민학교를 졸업했다. 사범학교 다닐 때는 일주일에 국어시간이 겨우 두 시간, 밖에 배울 수 없었고 교육원리, 교육심리, 교육평가, 등 초등학교 교사자질향상을 높이는 교육을 받아 왔기 때문에 처음부터 글을 쓰고 짓는다는 문학창작은 거리가 매우 멀었었다. 더구나 전쟁 속에 폐허가 된 가난한 시골 농어촌 생활은 힘겨운 하루생활의 연속이었으며 보릿고개 넘기기가 무척 힘들었던 시기에 태어나고 자라왔기 때문이다. 이러한 사회적 환경과 가난한 궁핍생활에 허덕이며 지탱해 온 학업은 아름다운 글을 창작 할 수 있는 필요조건이 충족 될 수 없었고 어머니의 손발톱이 다 닳토록 한산모시 짜기로 학비를 마련해 주셨다. 지금도 내 귓가에는 밤잠을 주무시지 않고 달 밝은 밤 귀뚜라미와 함께 모시 짜시던 어머니의 베틀소리 환상이 떠, 오를 때마다 끈질긴 사회변동이 그렇게 모질고 처참해야 했었는지 팔자타령을 해본 일이 한 두 번이 아니다. 〈중략〉

학교에 다니기보다 오히려 생명을 유지하기 위해서는 먹거리가 더 시급했었다. 다행히 바닷가 근처에서 농어촌 생활을 했기 때문에 바다 해산물이 먹거리를 해결해 주었고 상식이 모자라 독이 있는 고동, 류를 삶아 먹고 죽을 고비를 몇 번이나 뛰어 넘었는지 헤아릴 수 없을 정도이다. 청년기에 접어들면서 글쓰기를 체험한 것은 60년대 국방부에서 진중문예공모를 했을 때 화랑도 관창으로 입상해 본 경험이 있었고 이때부터 시행착오가 내 주변에서 맴돌고 있음을 깨닫고 지냈었다. 〈중략〉

60~70년대는 가정환경이 가난하여 농사를 지어가며 초등학교에 근무를 했었다. 우리나라는 새 천년 대를 맞이하면서 농업국가가 공업국가로 변모되었지만 60~70년대는 농공업을 위주로 하는 새마을운동이 일어났고 지붕개량, 생활환경개선 등 〈잘살아보세〉 새마을운동 노래도 울려 퍼졌었다. 〈중략〉

8. 내 인생의 위기

농사를 지으려면 농약을 주물러야 한다. 학교생활이 끝나면 가난을 벗으려고 농사를 지어야 했다. 그 당시의 농약은 사람의 치사량을 생각하지 않고 오직 벼-목도열병 잡는데 신경을 썼기 때문에 아까운 청춘의 생명이 하늘의 별똥별처럼 뚝뚝 떨어졌다. 밤새 술타령화투로 노름하고 가정불화가 자살제로 추락하여 사회적 병폐로 이끌어 간 시대도 있었다. 〈중략〉

호랑이가 죽으면 가죽을 남기고 사람이 죽으면 이름을 남긴다는 속담이 있는데 그 이름을 남기는 방법이 여러가지가 있다. 70년대 6월 6일 현충일 날 뜨거운 땡볕 아래 농약을 뿜다가 논두렁에 쓰러졌다. 네 시간이 훌쩍 넘도록 저승에 갔다 왔다. 농약중독후유증이 일어나면 비가 온다는 일기예보는 엉터리가 되어도 내 다리는 빈틈없는 정확성 전자기계다.

다리가 뒤틀리고 발바닥이 찡긋거린다. 수은제로 만든 농약은 물보다 무겁기 때문에 배설이 되지 않기 때문이다. 망막도 저절로 떨어져서 망막박리대수술을 했었다. 60년대는 중 · 고등학교, 교육자격시험에 고배를 마셨고 초등학교 운동회 때 고깔소고춤 지도가 도전기라면 70년대는 문학의 기초를 다지는 체험기였다. 80년대가 실행기라면 90년대는 확충기였다. 교육자료, 새교실, 대전일보에 문을 두드리게 되었고 이때부터 전문적인 문학창작을 실행학 되었다. 〈중략〉

1) 농약중독 후유증

얇은 핏줄 얼어붙어 맨살 오른 뼈마디엔
끌어안고 부대 낀 파도 너울 정맥 돌아
생강은 깎지 않은 수염 뒤 켠 눈만 감아 내려오고.

찡긋대는 파놀기가 수천리 길 동맥 돌고
가다가 쉬어 갈지라도 멈추기를 그만 두고
두고 온 마음 한구석이 발 절임으로 돌아온다.

배고파 뒤틀어진 하얀 뱃살 흔들리다
땀방울 목 줄기 넘어 등뼈 옹이 돌아 설 때
눈빛은 까만 가로등처럼 푸른 별을 안고 있다.

— 출전(出典) : 〈문학사랑〉 2010 여름호

새천년이 밝아 오면서 〈대전동시조〉를 창간했는데 제5집부터 〈현대동시조〉로 개명하여 발간해 오고 있다. 이 현대동시조는 시조의 모든 가족이 함께 참여하여 살아 숨쉬는 터전을 마련하고 먼 앞날까지 전승되는 동시조를 키워 온 세상에 아름다운 동시조 꽃이 활짝 피도록 가꾸어 나가야 하겠다는 취지를 설명하였고 먼 앞날의 현대동시조 집념을 위시유한(爲詩流汗)-시를 위해서 피땀을 흘려야 하고, 위시유루(爲詩流淚)-시를 위해서는 피눈물도 흘려야 하며, 위시유혈(爲詩流血)-시를 위해서는 코피도 흘려야 한다는 집념을 불태우고 있다.

— 출전(出典) : 한국아동문예작가회. 제 62호 (2010. 7. 19)
〈향촌문학〉 2010 제21호

9. 내 인생의 최고 화젯거리(1)

초등학교 3학년 〈실과〉에서 〈병아리 기르기〉라는 단원이 나온다. 병아리 고르기를 배울 때 〈배꼽이 잘 아문 것을 고른다.〉라는 설명이 나와 있다. 우리들은 단적으로 생각 할 때 날짐승이 알로 깨어나는 동물은 배꼽이 있을 수 없다. 젖 빨이 동물들은 탄생하면서부터 젖을 먹고 자라지만 날짐승은 알에서 깨어 나와 모이를 먹고 자라기 때문이다. 그러므로 병아리에는 배꼽이 있을 수 없다. 내 수필집 제목이 『개구리도 배꼽이 있나?』라는 제목을 선정한 이유도 바로 여기에 있다. 그래서 배꼽은 두 가지가 있다는 사실을 상식으로 알고 있어야 한다. 모든 젖 빨이 동물들은 어미젖을 먹고 살아간다. 사람도 동물이기 때문에 젖을 먹고 빼꼽도 있다. 개구리는 72시간 안에 자라기 전에 현미경으로 볼 수 있고 병아리는 감별사가 암놈, 수놈을 감별할 때 골라낸다. 손쉽게 말해서 사람은 탯줄을 잘라낸 배꼽 흉터가 남아 있지만 날짐승, 병아리는 흉터가 없는 것이 특징이다.

10. 내 인생의 최고 화젯거리(2)

초등학교 가을운동회가 시작되면 여선생님이 이무리 많이 모인 학교라도 소고놀이를 단골 멤버로 알아준다. 1962년 9월 1일자로 전북 금산군석동 초등학교로 근무지를 옮겼다. 때마침 가을운동회가 시작되었다. 우리 학교는 학년마다 한 개 반이었고 여선생님이 없어서 전교 보건체조와 무용지도를 내가 치러냈다. 5.16혁명 이후 재건촉진회가 있었지만 호루라기도 없어서 목청을 많이 사용했기 때문에 목청이 과로해서 말이 잘 나오지 않아 고생한 일도 있었다. 내가 지도 했던 소고놀이에 농악을 맞추려면 다음과 같은 한국농악이 필요했고 평택농악(웃다리농악)을 울려서 소고놀이를 지도했는데 리듬과 동작의 조화가 어우러 질 때 멋의 맵씨가 극치를 끌어 올려 뱅뱅 도는 동작이 어린이들의 천진난만한 웃음을 김상히고 그 진미를 맛 볼 수 있을 것이다. 참고로 무형문화재로 지정되었고 유네스코 무형문화유산으로 한국농악이 지정된 것은 다음과 같다.

한국농악-유네스코세계무형문화유산

1. 진주삼천포농악-제11-가호. 1966. 지정.
2. 평택농악(웃다리농악)-제11-나호.1985. 지정
3. 이리농악(호남우도농악)-제11-다호. 1985. 지정
4. 강릉농악(영동농악)-제11-라호. 1985. 지정
5. 임실팔봉농악(호남좌도농악)-제11-마호. 1985. 지정
6. 구례진수농악-제11-바호. 2010. 지정

초등학교 운동회 때 소고놀이를 지도한 초등학교는 금산석동초등학교, 서천서면, 서천비남, 서천판교, 서천장항초등학교에서 지도했으며 장항읍민체육대회 때 찬조 출연을 했었다. 또 제12회(2002) 전국장구장단경연대회(대전예술-예술가의집-구, 시민회관) 심사위원, 입상자 상장을 써 주기도 하였다. 우리나라 소고놀이에는 고깔소고춤과 채상소고춤이 있는데 고깔소고춤은 머리에 고깔을 쓰고 농악을 울려서 리듬에 따라 동작으로 움직이는 형태를 의미하며 신체적 발달이 어린 초등학교 어린이에 적합하고, 채상소고춤은 소고자가 기예적 동작을 연출하고 상쇠자가 머리고깔에 긴 띠를 매달아 공중으로 뱅뱅 돌려 관중들의 감동을 끌어 올리는 동작을 의미하고 있다. 오늘날에는 소고놀이도 많이 발달하여 채상소고춤도 초등학교 어린이들에게 지도자가 탄생하고 있지만 1960년대는 고깔소고춤만 지도하였다.

| 저자 이력 |

* 본명 : 김창현(金昌鉉) 시인. 아호 관촌(冠村)
* 생년월일 : 1938년 (음력) 3월 20일. 필명 금촌(金邨)
* 학력 : 국립군산사범학교, 한국방송통신대학교 졸업.
* 교육 : 초등학교(1959. 4. 1~2001. 2. 28)교사, 기간제교사, 교감.
* 훈장 : 대한민국국민훈장 동백장 수훈.

* 문력
* 관촌-교육자료, 새교실, 대전일보, 중도일보, 작품조사 〈별표〉 참조.
* 시조문학 1991 여름호 시조 등단.
* 시조문학 1993 아동문예 동시 등단.
* 문학사랑 2004 겨울호 문학평론 등단.

* 경력

1991 한국문인협회, 한국시조시인협회 회원.
　　한국불교문인협회중앙위원 역임.
1991 전국한밭시조백일장 심사위원. 대전시조시인협회 사무국장 역임.
1993 한국아동문예작가회 동시조분과 회장.
2000 아동문예문학상예심위원. 한밭아동문학 상임 고문.
2010 문학사랑(계간) 신인작품상 심사위원
2011 한국문화예술위원회, 복권위원회, 공동보조금 수혜.

* 문학상.

1993 아동문예문학상 외 〈별표〉 참조
2014 아동문예 세종도서문학나눔 참여.
2016 정훈문학상 내싱 수상.

■ 관촌 교육자료, 새교실. 대전일보. 중도일보. 작품조사

1971. 9　동명이인(同名異人) 교단아라비안나이트 76화(話). 새교실.

1975. 9　개구리도 배꼽이 있나? 교단아라비안나이트 183화(話) 새교실.

1976. 6　동가홍상(同價紅裳) 도별수필릴레이. 새교실.

1977. 9. 16　중추절을 분수에 맞게 지냅시다 〈독자의 광장〉 충남일보.

1977. 10　외딴섬 〈어린이 동산〉 동시. 충남일보.

1977. 11　가을 〈시〉 충남일보.

1977. 11　우리언니 〈동시〉 충남일보.

1977. 12　글짓는 마음 〈동시〉 충남일보.

1978. 8　생각나는 것 〈동시〉 대전일보.

1978. 8　매미 〈동시〉 대전일보.

1978. 8. 4　동백정(冬柏亭) 〈시〉 대전일보.

1978. 8　석양(夕陽) 〈시〉 대전일보.

1978. 9　초추(初秋)〈시〉 대전일보.

1978. 10　늦가을 〈시〉 대전일보.

1978. 10　허수아비 〈시〉 대전일보.

1978. 11　추수 〈시〉 대전일보.

1979. 2. 16　소망(所望) 〈수필〉 대전일보.

1979. 8　국기와 물자절약 〈수필〉 대전일보.

1979. 10	골목길에서 〈수필〉 대전일보.
1980. 7	전화유감 〈수필〉 대전일보.
1980. 9	망둥이 IQ 〈수필〉 대전일보.
1980. 9	가을의 미소 〈수필〉 대전일보.
1980. 11	김장포구 〈수필〉 대전일보.
1981. 3	삼월이 오면 〈시조〉 대전일보.
1983. 5	부처님 오신 날 〈시조〉 대전일보.
1987. 7	가보의 가치기준 〈수필〉 대전일보.
1988. 8	우리말을 바르게 사용하자. 〈수필〉 대전일보.
1988. 9. 8	추석은 검소하게 〈수필〉 대전일보.
1989. 11. 13	계족산 〈시조〉 대전일보.
1989. 11. 20	고향 〈시조〉 대전일보.
1991. 6. 19	별빛은 〈시조〉 대전일보.

■ 중도일보

1989. 10. 28	저녁놀〈시조〉
1990. 1. 13	아침〈시조〉
1990. 4. 4	안개 덮힌 계룡산〈시조〉

■ 교육자료

1987 시조 1회 추천.

1988 시조 2~3회 추천 완료.

■ 관촌 김창현 저서

1. 『가슴냇가에 흐르는 사랑』 시조집 (1991), 『개구리도 배꼽이 있나?』 수필집 (1982)
2. 『바람이 밀어주는 그네』 동시조집 (1989), 『말더듬이의 하소연』 수필집 (1989)
3. 『이승과 저승사이』 시조집 (1995)
4. 『세월의 길목』 시조집 (1996)
5. 『고향의 노래』 시조집 (1998)
6. 『한국현대 동시조선집』 (1999)
7. 『불당골 메아리』 시조집 (2000)
8. 『고향 햇살밭』 시조집 (2001)
9. 『달동네 판소리여』 시조집 (2002)
10. 『낮달 뜨는 고향 언덕』 동시조집 (2003)
11. 『배흘림 햇살 기둥』 시조집 (2003)
12. 『아지랑이 일던 가슴』 장시조집 (2005)
13. 『문턱 너머 지구촌』 시조집 (2006)
14. 『햇살이 길게 누울 때』 공동시집 (2007)
15. 『별꿈나라 꽃대궐』 시조집 (2007)
16. 『월명산 진달래꽃』 정형시집 (2010)
17. 『글꽃피는 꽃동네』 동시조집 (2011)
18. 『한 많은 어머니 눈물』 시집 (2012)
19. 『한국 현대시조 연구와 향방(1)』 평설집 (2014)
20. 『등대도깨비』 동시집 (2014)

21. 『그 섬에 살고 싶다』 정형시집 (2015)

22. 『대청호 오백리길』 정형시집 (2016)

23. 『추억은 아름다워』 정형시집 (2017)

24. 『한국 현대시조의 연구와 향방(2)』 (2017)

■ 관촌 김창현 문학상 수상 내역

1. 전국 청소년의 달-내무부 치안본부장상-전국 표어 공모입상 (1980)
2. 제23회 전국 통일 문예 현상 공모 최우수상-부총리겸통일원 장관상 (1992)
3. 아동문예 문학상. 한국안동문예작가회 이사장 (1993)
4. 한국동시조 문학상, 한국안동문예작가회 이사장 (1994)
5. 대한민국국민훈장 동백장. 수훈. 대한민국교육부 (1999)
6. 한국불교 문학상. 한국불교문인협회장 (2003)
7. 한국인터넷 문학상. (사)문학사랑협의회 이사장 (2003)
8. 황산시조 문학상. 시조와 비평(계간) 부산(2004)
9. 대전 문학상. 한국문인협회 대전광역시 지회장 (2005)
10. 한국 청소년 문학상. 본상. 한국아동문예작가회 이사장 (2009)
11. 한국 시조문학 공로상. 시조문학(계간) 김준. 발행인 (2013)
12. 한국 동시조문학 공로상. 한밭아동문학가협회장 (2013)
13. 대한아동 문학상. 한국아동문예 작가회 이사장 (2013)
14. 한밭시조 문학상. 대전시소시인협회장 (2014)
15. 정훈문학상 대상, (사)문학사랑협의회 이사장 (2016)
16. 문학발전 공로상. (사)문학사랑협의회 이사장(2017)

■ 관촌 논문(평론)

1. 어린이들에게 동시조를! 대전중리초등학교 신문 제7호 1993. 2. 15
2. 시조교육의 문제점과 개선 방향. 한밭시조문학 제7집 1995
3. 꿈틀거린 동시조-이달의 아동문학 칼럼-아동문예 1995. 12월호
4. 우리시조문학의 시대적 고찰-시조집-거북선을 중심으로-가람문학 제8집 1997
5. 재미있는 동시조 짓기 지상 강좌-아동문예 1997. 12월호~ 2000. 4월호
6. 채정순 동시 세계-동시집발문-바람개비는 바람을 좋아하나봐 아동문예 1999
7. 대전. 충남 시조사연표. 한밭시조문학 제11집 1999
8. 대전 시조의 전개 양상과 맥락. 한밭시조의 뿌리찾기-가람문학 제21집 2000
9. 아동심리의 본질로 반죽된 어린이 특성-대전동시조 창간호 2000
10. 한국동시조사연표. 대전동시조 제2호 2001
11. 아동문학과 동시조의 접목-대전동시조 제4호 2003
12. 정완영 동시조의 시어적 이미지 연구. 문학사랑(평론부문-신인상) 겨울호 2004
13. 황산문학과 생애(3) 황산의 시조혼과 한밭의 흔적(문집). 시조와 비평 2004
14. 충청권 동시조 문학의 시맥과 전개양상. 현대동시조 제7집 2006
15. 충청권 동시조 작가를 찾아서(1) 현대동시조 제8집 2007
16. 충청권 여류 시조 작가를 찾아서(2) 현대동시조 제9집 2008
17. 동심으로 반죽되는 순수성의 미학. 윤황한 동시조집. 아동문예 2009
18. 충청권 불연 시조 문학의 시대적 고찰(1) 현대동시조 제8집 2007
19. 자연환경의 신비를 버무리는 순수성의 미학. 조혜식 동시조집. 오늘의문학사 2010

20. 홍겨운 마음결의 노래 그 간결 미학. 채정순 동시조집. 아동문예 2010

21. 충청권 불연 시조 문학의 시대적 고찰(2) 중도문학 제16호 2010

22. 논강 김영배(1931~2009)의 생애와 현대시조(동시조)문학. 한밭아동문학제 11호 2010

23. 소산 신재후(1931~2010)의 생애와 현대시조(동시조)문학. 대전문학 봄호 2011

24. 상상력을 일깨우는 동심의 접근. 김숙 동시조집. 오늘의문학사 2011

25. 슬기 꽉찬 절제미와 직유법의 미학. 시천유성규 동시조집. 한밭아동문학 제12호 2011

26. 작촌 조병희(1910~2002)의 생애와 현대시조(동시조)문학. 향촌문학 제22집 2011

27. 금산 박석순(1936~2011)의 생애와 현대시조(동시조)문학. 한밭아동문학 제13집 2012

28. 봉곡 박준명(1929~2008) 군수의 생애와 현대시조문학. 향촌문학 제23집 2012

29. 만오 김영수(1913~1998)의 생애와 현대시조 문학. 한밭아동문학 제14집 2013

30. 친환경 적서 정시와 사물시의 융합적 시학. 배정태 동시조집. 오늘의문학 2013

31. 생동간이 꿈틀거린 정형시의 시적 변용. 심성보 동시조집. 한밭아동문학 제15호 2014

32. 전통적 민속놀이가 승화된 동심의 미학. 박근칠 동시조집. 한밭아동문학 제16호 2015

33. 꽃 숨결로 대응, 상징 미학을 추구한 동심의 접근. 최숙영 동시조집 한밭아동문학 제17호 2016

가난이 무슨 죄(罪)여?

김창현 수필집

발 행 일 | 2017년 6월 30일
지 은 이 | 김창현
발 행 인 | 李憲錫
발 행 처 | 오늘의문학사
출판등록 | 제55호(1993년 6월 23일)
주　　소 | 대전광역시 동구 대전로 867번길 52(한밭오피스텔 401호)
전화번호 | (042)624-2980
팩시밀리 | (042)628-2983
전자우편 | hs2980@hanmail.net
다음카페 | cafe.daum.net/gljang 문학사랑 글짱들
다음카페 | cafe.daum.net/art-i-ma 아트매거진(아띠마)

공 급 처 | 한국출판협동조합
주문전화 | (070)7119-1752
팩시밀리 | (031)944-8234~6

ISBN 978-89-5669-829-8
값 15,000원

* 이 책은 ㈜교보문고에서 E-Book(전자책)으로 제작하여 판매합니다.
* 잘못 제작된 책은 바꾸어 드립니다.